超惠游
新加坡

藏羚羊旅行指南编辑部　编著

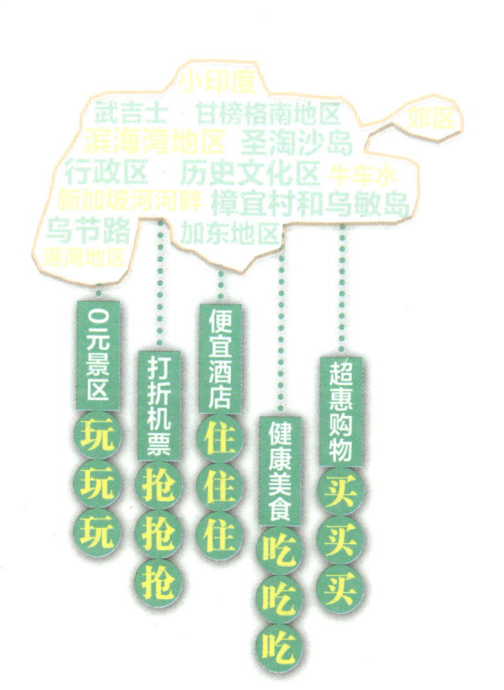

小印度
武吉士　甘榜格南地区
滨海湾地区　圣淘沙岛　加东
行政区　历史文化区　牛车水
新加坡海河畔　樟宜村和乌敏岛
乌节路　加东地区
港湾地区

0元景区 **玩玩玩**
打折机票 **抢抢抢**
便宜酒店 **住住住**
健康美食 **吃吃吃**
超惠购物 **买买买**

北京出版集团公司
北京出版社

图书在版编目（CIP）数据

新加坡 / 藏羚羊旅行指南编辑部编著． — 北京：北京出版社，2017.8
　（超惠游）
　ISBN 978-7-200-13104-8

Ⅰ．①新… Ⅱ．①藏… Ⅲ．①旅游指南 — 新加坡 Ⅳ．①K933.99

中国版本图书馆CIP数据核字（2017）第140680号

策划编辑：杨薪誉
责任编辑：黄雯雯
执行编辑：由蕾
责任印制：魏鹏
投稿邮箱：emma.yang@bpgmairdumont.com

超惠游
新加坡
XINJIAPO
藏羚羊旅行指南编辑部　编著

出　　版：	北京出版集团公司
	北京出版社
地　　址：	北京北三环中路6号
邮　　编：	100120
网　　址：	www.bph.com.cn
总 发 行：	北京出版集团公司
经　　销：	新华书店
版 印 次：	2017年8月第1版第1次印刷
印　　刷：	三河市庆怀印装有限公司
开　　本：	710毫米×1000毫米　1/16
印　　张：	14
字　　数：	260千字
书　　号：	ISBN 978-7-200-13104-8
定　　价：	49.80元

如有印装质量问题，由本社负责调换
质量监督电话：010-58572393

新加坡 目录

省钱小妙招 ············ 8
打折机票如何买 ············ 8
便宜酒店如何订 ············ 9
打折商品如何购 ············ 10
免费景点尽情逛 ············ 11
当地美食如何选 ············ 11

我的旅行计划 ············ 12
签证 ············ 12
旅行季节 ············ 13
货币 ············ 14
如何打电话 ············ 14

新加坡交通 ············ 16
航空 ············ 16
公路 ············ 17
水运 ············ 18
区内交通 ············ 19

新加坡好好玩 ············ 23
滨海湾地区 ············ 24
鱼尾狮 免费 ············ 25
滨海艺术中心 免费 ············ 27
双螺旋桥 免费 ············ 31
灯光水幕秀 免费 ············ 34
新加坡F1赛道 免费 ············ 35
摩天观景轮 ············ 36
滨海湾花园 ············ 37
浮尔顿文化区 免费 ············ 40

行政区 · 历史文化区 ············ 42
市政厅及最高法院 免费 ············ 43
和平纪念碑 免费 ············ 45
圣安德烈大教堂 免费 ············ 46
莱佛士登岸遗址 免费 ············ 48

亚洲文明博物馆·· 49
维多利亚剧院和维多利亚音乐厅 免费············· 51
旧国会大厦艺术之家 免费································ 52
新闻及艺术部大厦 免费···································· 53
新加坡美术馆·· 54
赞美广场 免费··· 56
新加坡国家博物馆··· 57
土生华人博物馆··· 59
亚美尼亚教堂 免费·· 62
总统府公园·· 63
集邮博物馆·· 64
MINT 玩具博物馆·· 66

新加坡河河畔·· 68
新加坡河 免费··· 69
驳船码头 免费··· 72
安德逊桥 免费··· 73
加文纳桥 免费··· 76
陈氏宗祠 免费··· 77
市区重建陈列馆 免费·· 77

牛车水·· 78
牛车水原貌馆·· 79
佛牙寺龙华院 免费·· 80
马里安曼兴都庙 免费·· 82
詹美清真寺 免费··· 84
天福宫 免费·· 85
摩士街 免费·· 85
宝塔街 免费·· 86
直落亚逸街·· 87
福德祠 免费·· 88
丹戎巴葛保留区 免费·· 89
纳哥得卡殿 免费··· 89
史密斯街 免费··· 90
硕莪街 免费·· 90
丁加奴街 免费··· 91
客纳街 免费·· 91
卫理公会礼拜堂 免费·· 92
黄包车总站旧址 免费·· 93
红点设计博物馆··· 94

武吉士・甘榜格南地区 96
- 马来传统文化馆 97
- 苏丹清真寺 免费 98
- 克里斯南兴都庙 免费 102
- 哈芝巷 免费 103
- 亚拉街 免费 106
- 巴索拉街 免费 108
- 峇里巷 免费 110
- 马海阿布犹太教堂 免费 111
- 观音堂佛祖庙 免费 112
- 武吉士村 免费 113

小印度 114
- 维拉玛卡里雅曼兴都庙 免费 115
- 斯里尼瓦沙柏鲁马兴都庙 免费 117
- 实龙岗路 免费 120
- 阿都卡夫清真寺 免费 124
- 中央锡克庙 免费 125
- 甘贝尔巷 免费 126
- 释迦牟尼菩提迦耶寺 免费 127
- 加宝路艺术区 免费 128
- 陈东龄故居 免费 129

加东地区 130
- 芽笼士乃巴刹 免费 131
- 如切路与坤成路 免费 133
- 加东古董店 免费 134
- 东海岸公园 免费 135

圣淘沙岛 136
- 名胜世界 137
- 最大鱼尾狮雕像 免费 147
- 万象馆 148
- 摩天塔 149
- 西乐索海滩 免费 150
- 香灰莉园 免费 151
- 西乐索炮台景区 152
- 蝴蝶园与昆虫王国 153
- 巴拉湾海滩 154
- 亚洲大陆最南端 免费 156
- 丹戎海滩 免费 157

港湾地区 158
- 拉柏多自然保护区 159
- 圣詹姆士发电厂俱乐部 160
- 花柏山 免费 161

郊区 162
- 新加坡动物园 163
- 新加坡夜间动物园 166
- 新加坡植物园 免费 168
- 裕廊飞禽公园 172
- 武吉知马自然保护区 免费 173

樟宜村和乌敏岛 174
- 樟宜村 免费 175
- 巴西立公园 免费 176
- 光明山普觉禅寺 176
- 乌敏岛 免费 177
- 莲山双林禅寺 免费 179

新加坡吃住购 183
- 舒服住 184
- 好好吃 190
- 买买买 196

你应该知道的新加坡 207

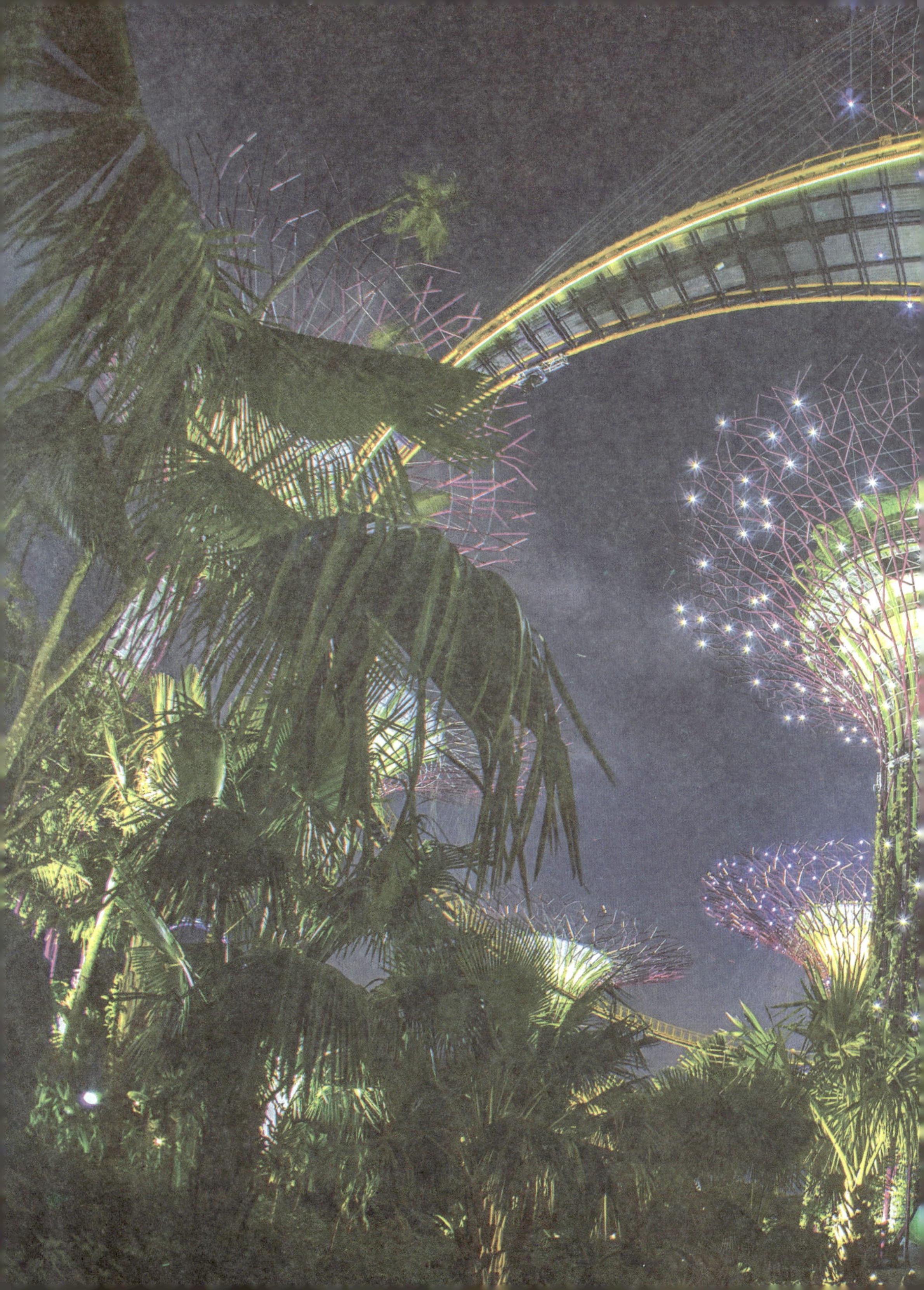

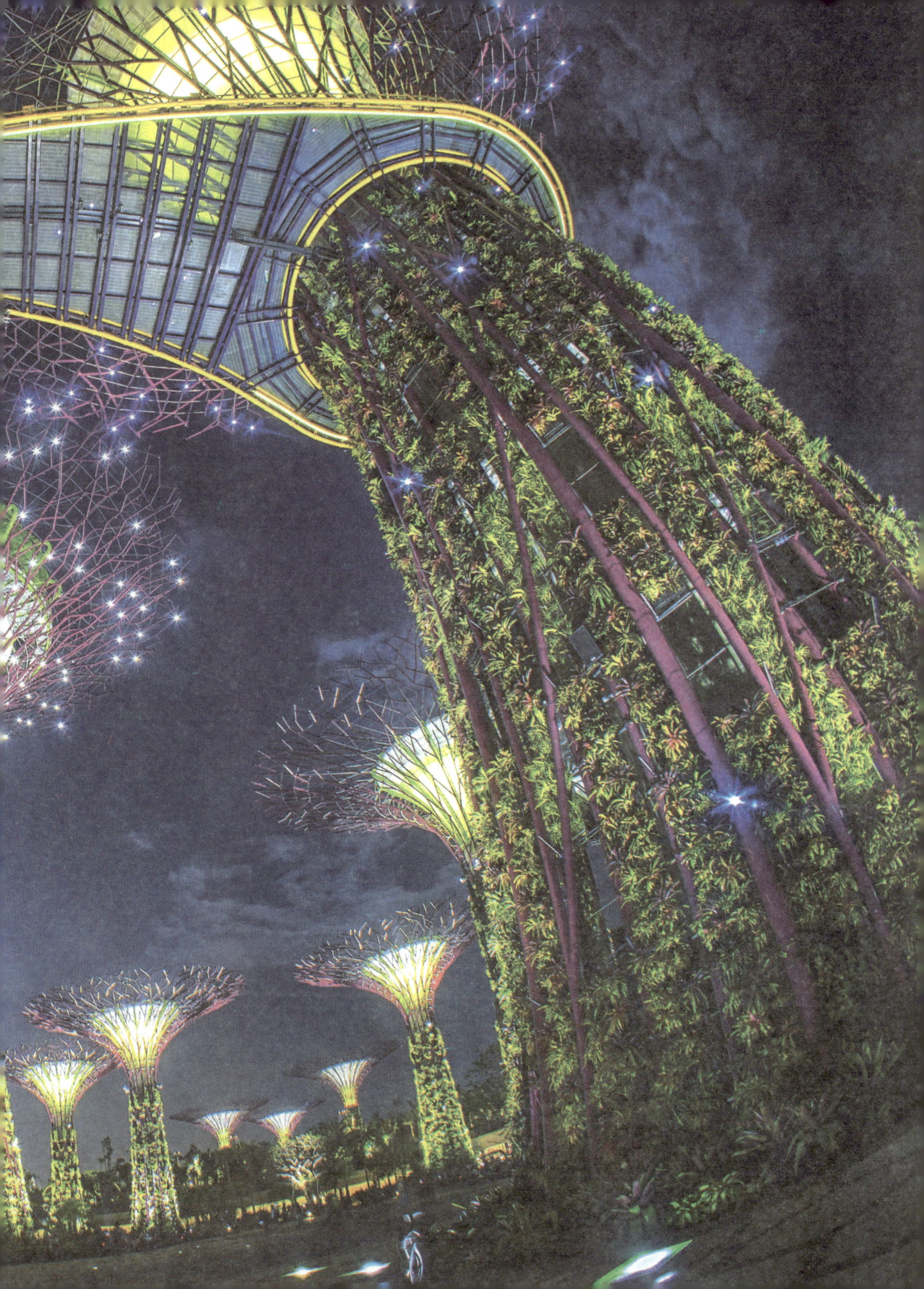

省钱小妙招

打折机票如何买

提前预订机票，可以订到低价机票，能省下一大笔旅行预算。所以出游前一定要尽可能早地预订机票，尤其是预订往返机票，可以省下更多。现在，像去哪儿网、携程网、天巡网的机票票务预订，都可以帮我们筛选最低价位机票，选择出行时间后就会有很多低价机票组合供我们选择。同时也可以多搜索一下出行与返回日期前后几天的票务情况，比较一下最实惠的机票组合。如果差价比较大，可以简单调整自己的出行时间。

如果是时间非常灵活自由的旅行者，可以大胆地预订各大航空公司推出的超低价机票。这种超低价机票往往是半年甚至是一年以后的机票，价格非常低，如亚航、虎航这种廉价航空公司经常会推出这样的机票。购买机票时还可以关注各大航空公司的官网和微博推出的机票团购活动，决定出游后提前一两个月关注这种团购信息，也很容易找到价钱合适的机票。

在旅游旺季里，机票自然会贵一些。如果从北京去新加坡，可以考虑在天津乘坐飞机，酷航有直飞新加坡的航线，价格便宜。

- 亚航官网 www.airasia.com
- 虎航官网 www.tigerair.com
- 酷航官网 www.flyscoot.com

便宜酒店如何订

新加坡住宿价格普遍比较贵，在酒店的选择上，可以先大致将新加坡划分成几个区域，找到感兴趣的区域后，再来筛选。根据旅游景点的分布，可以从以下几个地区中选择：乌节路、武吉士、牛车水、小印度、克拉码头、滨海湾、芽笼加东、圣淘沙。牛车水是华人聚居地，住在那里就像置身于中国城市一角；小印度是印度人聚居地，有浓厚的印度风情；武吉士飘散着神秘的穆斯林风情；芽笼加东一带有着传统的马来人和土生华人的生活气息，而且还邻近东海岸。如果想要深刻领略新加坡不同种族的文化风情，可以选择这四个区域中的任意一个。滨海湾地区是新加坡地标建筑最集中的地方，也是最繁华、最热闹的地方，住宿价格最贵；圣淘沙岛是一个游乐天堂，选择住在岛上会非常惬意，旅游旺季酒店价格不菲。

新加坡的城市中心分布着很多青旅，价位在20～100新元之间不等，一般多人男女混合宿舍床位在20～40新元，大多数青旅会提供免费的无线网络和电脑给背包客使用，有公用的卫生间和浴室，也有公共的餐厅，并提供免费早餐，也可以自己动手制作早餐，能省下一笔开销。另外，一些星级酒店周一至周五的房间价格会比周六日优惠一些，预订的时候可以留意一下。

省钱小妙招
- 打折机票如何买
- 便宜酒店如何订
- 打折商品如何购
- 免费景点尽情逛
- 当地美食如何选

打折商品如何购

相比较而言，每年的5月下旬到7月下旬，以及11月下旬到次年1月，是新加坡各大商场打折促销热卖的旺季，会有大量的游客涌入"血拼"。

在新加坡参与退税方案的商店，消费满100新元就可以申请退税，会退还7%的商品及服务税。参与的商家会张贴明显的"退税"或"免税购物（Tax Free Shopping）"的标识。在购物时向店员出示你的护照，填写免税申请单，在返程当天去机场时，到退税服务台出示所购商品和退税申请单，即可完成退税。

还有一种便捷退税的方法，就是在有"eTRS"标志的商家消费，并且使用一张信用卡刷卡消费，就可以在机场使用"eTRS"自助柜台提交退税申请。

抵达樟宜国际机场要做的第一件事就是退税。从地铁T1口出来，在机场大厅入口的右侧就是办理退税的地方，速度非常快。办理完退税手续，拿上退税条，过了安检以后，在候机厅面对着樟宜国际机场社交树向右转然后直走，直到扶梯处，不要上扶梯，退税的柜台就在扶梯下面再往里一点。只有在樟宜国际机场可以直接退取现金，其他机场只能退到信用卡里。退取的现金只能是新元，其他货币则退到信用卡里。

免费景点尽情逛

新加坡有很多标志性景点都不收取门票,如著名的鱼尾狮公园、滨海湾灯光水幕秀、双螺旋桥、圣安德烈大教堂等,玩起来能节省一部分钱。新加坡有些景点内提供免费饮用水,如环球影城。

当地美食如何选

新加坡当地美食很多,海南鸡饭、肉骨茶、娘惹叻沙(Laksa)、咖椰吐司早餐(Kaya Toast)、沙嗲(Satay)、辣椒螃蟹(Chilli Crab)、咖喱鱼头(Fish head)、印度煎饼(Roti Prata)、罗惹(Rojak)、菜头(Carrot Cake)、乌打(Otak)、炒条(Char Kway Teow)、黑果鸡(Ayam Buah Keluak)、珍多冰(Cendol)、新加坡司令(Singapore Sling)等都非常有特色,在新加坡很多餐厅都能吃到。

在新加坡一些饭店会收取15%的服务费,通常在菜单上会特别声明,在小吃店、大排档等则不需要。

我的旅行计划

出发，准备好了吗？

签证

办理新加坡签证，以在出发前1—2周到新加坡使馆申请为宜，或请正规旅行社代为办理。北京、上海等20个大城市的居民，可以获得两年有效期。

签证材料递交时间：周一至周五 9:00-11:30

签证办理时间：3个工作日，星期六、星期日、中国公共假期及新加坡国庆日（8月9日）不对外办公

新加坡旅游签证所需材料

1. **护照原件**：有效期应在6个月以上（从出国日期开始计算），并至少有一张空白签证页。同时提交护照照片页复印件。
2. **户口本**：原件及彩色扫描件，家庭成员每页都要。如为集体户口，可在警察局办理户籍证明，并提供原件及复印件。
3. **身份证**：原件及彩色扫描件。
4. **在职证明**：申请人若为在职员工，必须提供由就职公司出具的在职证明信原件一份。证明信中需注明公司同意其休假，并详细注明申请者在该公司任职时间、职务。在职证明信上必须列有公司及有关联系人的地址、电话和传真号码，信函必须加盖公章。申请人若无工作，则必须提供能证明其个人经济状况的文件，如银行存款证明（原件及复印件）。银行存款证明的金额没有具体要求，但银行签发日期必须是签证申请递交日期的一个月内。此证明应能够如实反映您的经济能力。
5. **彩色照片**：两张3个月内的近照，正面免冠，白底，面部尺寸为25毫米宽、35毫米高。
6. **签证申请表格**：该表格需用英文填写完整，并有申请者亲笔签名。申请表格可在新加坡移民与关卡局官方网站（http://www.ica.gov.sg）上下载。
7. **签证费**：人民币153元，需要准备零钱，使馆不找零。若请旅行社代办，费用在400～500元。若申请人未满16周岁，可由其父母代办，但必须出具能证明其关系的证件（原件及复印件）。

另外，新加坡是电子签证单（e-Visa）。申请成功后，可登录新加坡移民与关卡局的网站，点击"SAVE"系统中的"签证申请查询（Status Enquiry）"，输入申请序号（例如 VSCXXXXXXSAXXXX2009）和护照号码，再点击"Here"打开文件，将电子签证打印在A4纸上，与护照一起携带。建议多打印几份防止丢失。

一般签证有效期为5周，从递交签证材

料日起生效。有效期指签证批准至入境新加坡的最长时间，与在新加坡停留的时间无关。逗留天数最长为30天，实际期限在入境时由移民与关卡局官员决定。

申请者如有持 SingPass 密码的新加坡公民或永久居民做介绍人，可通过新加坡移民与关卡局网站利用签证电子系统（SAVE）直接在网上申请签证。

新加坡旅游签证办理地点

单位	地址	邮编	电话	传真	电子信箱
新加坡驻华大使馆	北京市朝阳区建国门外秀水北街1号	100600	010－65321115	010－65329405	singemb_bej@sgmfa.gov.sg
新加坡驻上海总领事馆	上海市万山路89号	200336	021－62785566	021－62956038（consular）021－62956099（visa）	singcg_sha@sgmfa.gov.sg
新加坡驻成都总领事馆	成都市锦江区人民南路二段1号仁恒置地广场写字楼30-01	610016	028－86527222	028－86528005	singcg_cgu@sgmfa.gov.sg
新加坡驻广州总领事馆	广州市天河北路233号中信广场办公楼2418室	510613	020－38912345	020－38912933（consular）020－38912123（visa）	sin_consulargz@yahoo.com.cn
新加坡驻厦门总领事馆	厦门市厦禾路189号银行中心05-07/08室	361003	0592－2684691	0592－2684694	singcg_xmn@sgmfa.gov.sg
新加坡驻香港特别行政区总领事馆	香港夏悫道18号海富中心第1座901室		852－25272212	852－28661239	singcg_hkg@sgmfa.gov.sg

旅行季节

每年的6月、7月和12月、1月是新加坡的旅游旺季，因为这是新加坡各大商场折扣、活动最多的时候。这段时间酒店的价格会比较高，这个时间去新加坡最好提前预订，会比较省钱。

省钱小助手

预订酒店前可以多去几家网站比较价钱，新加坡的住宿较贵，如果能在住宿上省下钱来是一笔不小的收获。

货币

国内换钱

可以在国内银行按照当天汇率兑换。通常国内换钱都是大面额的，最好与银行沟通一下，换一些小面额的。因为大面额的钞票在新加坡买东西很难找零，会给自己带来不便。新加坡最常用的是 50 新元面额的钞票。现在的汇率大约是 4.9 元人民币 =1 新元，实时汇率可以到中国银行官网查询（www.boc.cn）。

国内机场换钱

国内机场的汇率比较高，而且每笔都要收取高额手续费，比较不合适，尽量不要用这种方法。

新加坡货币兑换商 MONEY CHANGE 换钱

新加坡机场和市内有很多合法的 MONEY CHANGE，无手续费。机场的汇率较市内的略高，对人民币汇率最低的在牛车水一带，对旅行者来说这是最合适的一种换钱方法。

银行卡

在新加坡机场和市内有很多 ATM 取款机，上面有"银联"标识的都可以用银联卡取现，并且有中文操作界面。汇率按照当天银行汇率，有的会产生低额手续费，各银联卡在境外不同银行 ATM 机取现的手续费可以咨询银行。现在一些银行会有境外取现每天第一笔免手续费的优惠。

TIPS

新加坡银行的营业时间一般是在周一至周五 10:00-15:00，周六为 9:30-13:00。只有乌节路上的一些银行周日会从上午 9:30 一直营业到 15:00。

如何打电话

新加坡有 3 家运营商：新电信（Singtel）、星展（Starhub）和 M1（Mobile One），都有针对游客设计的临时手机 SIM 卡，可以拨打国际长途电话、发短信、使用 3G 上网。出关后就可以在机场大厅的运营商柜台、换钱（Money Change）柜台购买，市内的便利店也都出售，购买时需要护照。

不同运营商会不定期推出不同价格的预付款 SIM 卡种类，现在有 Singtel 的 Hi-Card、Starhub 的 Green Card 和 M1 卡这几种可以选。这里以 Singtel Hi-Card 为例详细说明：Singtel Hi-Card 有 28 新元、65 新元等面值的可选，面值多少，卡里的话费就是多少。除了拨打电话和发送短信会直接扣除话费外，申请 3G 上网套餐的流量费，也会直接从这里面扣除。

买好的SIM卡需要先设置激活，先拨打*43327，随后就会接收到短信。按照短信内容，回复"1"激活SIM卡，回复后会接收到下一条短信，再根据短信内容选择手机类型，回复代表数字，最后选择确认即可激活开通。

申请3G上网要在激活SIM卡后进行，拨打*363，然后接收短信。短信会让你选择业务种类、套餐类型，同样一步步按照短信内容做出选择，回复代表数字，最后确认即可。

卡内话费用完了，可以在便利店、超市购买Singtel Top-up储值卡来充值，有2、5、10、15、20新元等小面值的，充值方法按照说明，拨打*132*后输入卡号即可。

拨打中国和新加坡本地电话每分钟8分，发送新加坡本地短信每条5分，发送国际短信每条15分。拨打中国国内电话需拨019+86+电话号码（如果拨打座机，需要去掉区号前的"0"，例如拨打北京座机需拨：019 86 10＋座机号）。

省钱小助手

新加坡市区很多大商场、餐厅、广场、酒店、客栈、青年旅社都可以免费上网，许多公共场所也有免费无线网络使用。如果没有上网设备，也可以在生活区找到网吧，尤其是芽笼和牛车水网吧比较多。不过新加坡网吧的上网费比较贵，约为每小时2新元。

新加坡交通

出发，准备好了吗？

航空

新加坡一共有5个机场，其中大型的机场有两个，一个是我们熟悉的新加坡樟宜国际机场（Singapore Changi Airport），是现在主要的国际民用机场，另一个是实里达机场（Seletar Airport），邻近榜鹅岛，1929年建成时曾经是新加坡第一个国际机场，几年前已经基本退出民航运营了，现在主要供飞行学校的飞机起降，以及私人包机接待。

樟宜国际机场目前有5座航站楼，1、2、3号航站楼是连接在一起的，旅客可通过高架列车或步行方式自由来往于3座航站楼之间。4号航站楼正在建设中，预计2017年投入使用。JetQuay航站楼是由专门接待外国政要的VIP航站楼改装而成的，目前改为商务贵宾航站楼，任何人均能使用，不论航站楼、舱级、航空公司。而验票、行李运输和海关检查则由JetQuay负责。现阶段使用的1、2、3号航站楼中，可以直接通地铁的是2号和3号航站楼，通过地铁可以直达市中心。

机场电话
☎ 0065-65956868

省钱小助手

从机场进入市区，可以选择地铁、公交巴士、德士。樟宜机场内的公共汽车站位于1号和2号航站楼的地下层。樟宜机场的德士站在1号航站楼第1层的入境大厅出口处和2号航站楼第1层的入境大厅尽头。此外，还可以选择搭乘9座小巴直达市区酒店。这种小巴除了不到樟宜村酒店和圣淘沙岛上的酒店之外，可到达新加坡几乎所有的酒店。在机场航站楼大厅里的指定服务台处，告知工作人员你要去的酒店，确定小巴是否可以到达，然后购票，票价9新元。

运营时间： 24小时
发车间隔时间： 白天15分钟，夜间30分钟

公路

新加坡岛和马来半岛之间隔着柔佛海峡，由两座跨海大桥相连。客流量较大的是新加坡岛北侧正对马来西亚柔佛州首府柔佛巴入（Johor Bahru）的铜锣湾桥（Causeway Bridge），另一条是位于新加坡岛西侧的新马第二座跨海大桥（Singapore Malaysia Second Link）。很多旅行者会想要选择陆路，从马来西亚进入新加坡，或者从新加坡经陆路去马来西亚。2008年建成的昆明到曼谷的公路，连接了新加坡与马来西亚的陆路交通网，甚至可以从北京直接走陆路到新加坡。

陆路过境有自驾、大巴、火车等几种方式。开车从新加坡过境需要注意的是，新加坡牌照的车过境，油箱油量要不低于总量的四分之三才行，这是防止新加坡人过境加廉价油的一种方法。乘坐火车过境，起点是新加坡岛北端的巫兰站（Woodlands Railway Station）。如果乘坐大巴过境，可以选择从新加坡岛北侧的铜锣湾桥过境到对岸的马来西亚柔佛州首府柔佛巴入，也可以选择从新加坡岛西侧的新马第二桥过境到马来西亚。不管何种方式，需要注意的是，过境时，要在新加坡边关大厅办理离境手续，然后到马来西亚的边关大厅办理入境手续，手续盖章一个都不能少。而且新加坡离境时需要出境卡，这个出境卡就是在进入新加坡时填写的入境卡那张纸上，海关会回收入境卡，并把出境卡盖好章撕下交还给游客。所以要把出境卡保存好，否则就不能顺利出境了。

TIPS

在新加坡选择自驾，需要注意的是，新加坡是左侧通行，左舵驾驶，开车时要遵守当地的交通法规。新加坡本地人开车十分规矩，很少加塞和变换车道，即便堵车，大多也都会随着车流缓行。在遇到并道口时，车辆会交替行进，遇到有行人过马路的路口一定会减速让行，而且路上基本不会鸣笛。此外，新加坡人在任何非正常行驶时都会打开双闪，包括的确急需变换车道时，在这里打开双闪是对其他车说抱歉的意思。

水运

新加坡水运交通非常发达，自13世纪开始就是东南亚重要的国际贸易海运枢纽，扼守太平洋和印度洋之间的航运要道。新加坡港是亚洲最大的转口港，也是世界最大的集装箱港口之一。港口位于新加坡岛南部，西邻马六甲海峡东南侧，南邻新加坡海峡北侧，一共有200多条航线连接着世界123个国家的600多个港口。现行使用的贸易港口有6个，最大的是PASIR PANJANG，还有BRAIN、COSCO-PSA、JURONG、KEPPEL、SEMBAWANG和TANJONG PAGAR。除了世界级的贸易港口，新加坡还有世界级的国际邮轮码头，就位于滨海中心区域的港湾城，毗邻新加坡最大的购物中心——怡丰城，对面即是圣淘沙岛，距离市中心仅数分钟路程。渡轮码头（RFT）有6个泊位，国际客运码头（IPT）有两个深水港泊位，提供了超过25条国际客运邮轮线路。

🏠 **Singapore Cruise Centre PteLtd 1 Maritime Square #07-01Harbour Front Centre Singapore099253**
☎ **0065-62751683**

区内交通

地铁

新加坡地铁简称 MRT，线路四通八达，主要可以分成三条主线，即从滨海湾到裕廊东的南北线、樟宜国际机场/巴西立到文礼的东西线、港湾至榜鹅的东北线。地铁遍布新加坡全城，基本可以到达新加坡的所有景点，所以在这里旅行可以选择地铁作为主要的出行方式。

乘坐地铁时，可以使用自动售票机购票。售票机上有中文操作界面，选择要到达的车站后，电脑会自动计算车资，放入纸币后就会出票并找零，你的花费中包含实际车资外加 1 新元的车票押金，这 1 新元的押金可以在出站时退回，同样使用自动售票机，选择退卡服务，将卡插回售票机，即可退回 1 新元。

如果停留天数超过两天，而且需要多次乘坐地铁的话，最好购买一张易卡通（ez-link card），这样会方便很多。易卡通不仅可以乘坐地铁，还可乘坐公交，以及在便利店刷卡消费。在任一地铁站的售票窗口都可以购买易卡通，一共需要 12 新元，其中含 5 新元的工本费、7 新元的储值，工本费是不退的。卡内钱用完了，可以在地铁站内的自动售票机上直接储值，非常方便快捷。地铁车资，一站是 7 角，每多一站加几分钱。

从新加坡的东边坐到西边，车费介于 0.73～2.2 新元之间不等。

新加坡地铁换乘站复杂，但是指示非常清晰明确，所以跟着指示走就不会有问题。地铁线路是用不同颜色区分的，南北线 NS 为红线，东西线 EW 为绿线，东北线 NE 为紫线，环线 CC 为黄线，指示标识也是用对应的颜色书写，很容易区分。一定要事先准备好一份新加坡地铁线路图，尤其是智能手机的一些新加坡地铁应用程序，可以快速根据起点和终点帮你导航路线，在错综的地铁换乘中会为你省不少力。

新加坡的地铁不会提示下一站站名，而是提示线路驶向的终点站站名，所以在站台内，需要通过地铁线的终点站名，判断搭乘哪个方向的列车。

另外，有些地铁线路上会有分支，比如，东西线在丹那美拉站（Tanah Merah）分成去往樟宜机场和巴西利站的两条支线，环线在宝门廊站（Promenade）分成去往多美歌和滨海湾站的两条支线。

所以去往分支线上的站点，需要注意提示牌显示的进站列车是开往哪个分支线。

新加坡地铁运营时间为每日 5:30 至次日凌晨，平均每 2.5—8 分钟就有一趟车。

出租车

新加坡当地称出租车为 Taxi 或者德士。新加坡绝大多数大型购物中心和酒店外都有德士站，可以在那里搭乘，也可以在路边招手叫车。另外，由郊外返回市内，很晚的话则很难等到德士，这时可以电话叫车，预约时一定要讲清楚自己所在的地区、街以及醒目的建筑物等。

新加坡是左侧行驶，城区道路通畅，车速都很快，在过马路的时候要分清是斑马线还是框线。斑马线多设置在居民区和十字路口，没有斑马线的地方，可以找没有框线的路段过马路，汽车会让行人先走。这里的司机看到有行人的路口就会自动减速停车，等行人通过再启动开走，所以通过路口时，看到司机减速就快速通过马路，不用站在路口犹豫。

在跟德士司机说地点时，尽量说地标建筑，比如，酒店名字、地标名称，而且尽量说英文名字，因为我们翻译的中文有时并不是当地人常说的名字，即便是华人司机也可能不清楚。而且记住建筑或者街道的英文名字在问路、找路时会容易很多，新加坡路上很多地方的标识是没有中文的，只根据中文汉字发音很难判断英文拼写。

公交巴士

新加坡是左侧行驶，搭车时要注意方向。新加坡的公交巴士不容易乘坐，因为站名命名方式比较多，有可能是路名，也有可能是地标建筑、大厦，而且车上大多不播报站名，对游客来说很容易坐错。不过要去往一些郊区景点，利用地铁转巴士还是很容易的。

新加坡的公交车上下车都需要刷卡，按里程扣费，如果没有易卡通，需要准备好零钱投币，车上不设找零。上车时要招手示意，司机才会停车，下车时要按一下车内的红按钮，司机才会停车，写着"STOP"的按钮在车内栏杆上很容易找到。

无空调的公交车费为 0.7 ~ 1.4 新元不等，空调公交车费为 0.8 ~ 1.7 新元不等。

观光专线巴士

新加坡市内观光还有一个便捷的交通方式，就是乘坐专门的观光巴士。这种方式适合在当地停留时间较短或者不想走太多路的人，相比搭乘大众公共交通工具游览，少了些品味当地生活风味的机会。这种观光巴士只需要购买一次票，就可以在任一景点上车或者下车，没有次数限制，从而快速穿梭于城市各大景点之间。比如，乘坐这种观光巴士到鱼尾狮公园下车，在公园游览后，在下

车的地方继续乘坐观光巴士去往下一个景点，只需要向司机出示票根。

现在新加坡的观光巴士主要有两家，一家是新航，只有随意行巴士（SIA Hop-on）这一种；另一家是城市旅游黄金观光快线，有敞篷双层观光巴士（Fun Vee）、观光仿古电车（Singapore Trolley）、鸭子船（Duck Tours）等多种观光交通工具。

随意行巴士

新航随意行巴士，在市内观光线路有一条，巴士沿线有莱福士城购物中心、新加坡植物园、滨海艺术中心、唐人街、小印度、阿拉伯街等20个景点。

- 9:00-21:00
- 全程13新元

敞篷双层观光巴士

敞篷双层观光巴士在市内观光线路有3条（市区观光线路、文化观光线路、滨海观光线路），一共涵盖了30个景点，几乎囊括了新加坡大部分的景点。

- 9:00-17:00
- 全程18新元

观光仿古电车

观光仿古电车经过新加坡植物园、乌节路、莱佛士酒店、莱佛士城、皇后坊、鱼尾狮公园、老巴刹市场、马里安曼兴都庙、丹戎巴葛保留区、圣淘沙岛等景点。

- 9:00-21:00，每30分钟一趟
- 全程18新元

鸭子船

鸭子船是水路两栖车，在到达各大景点的同时还多了一种水上观光的体验。

- 9:30-18:30，每隔1小时一趟
- 全程33新元

省钱小助手

新加坡旅游通行卡（Go Singapore Pass）

这种通行卡是存现金的，可以游览新加坡热门的景点，也可以搭乘巴士、地铁等公共交通工具。卡有两种，一种是不受限的（Unlimited Pass），也就是可以在有效期内随意游览景点；另一种是精选卡（Select Pass），只可以选择游览6个景点，在多美歌地铁站和乌节地铁站有售，如果时间充裕，可以选择这种旅游卡，会比较省钱。具体价钱可以在官网上查看。

www.gosingaporepass.com.sg

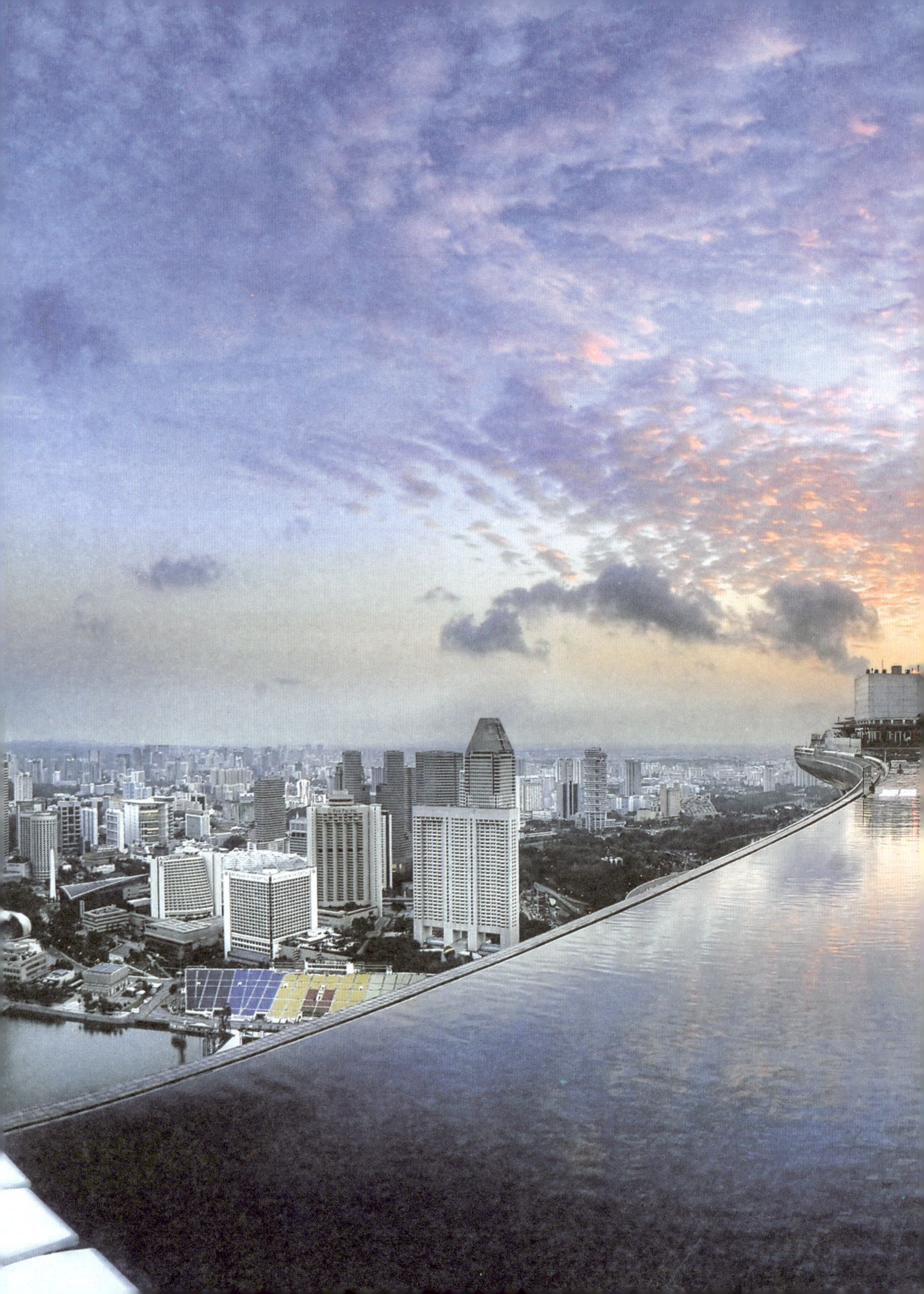

新加坡好好玩

"哇！这就是新加坡！"

滨海湾地区

滨海湾是新加坡现代化城市地标建筑集中的区域，几项世界之最都汇集在这里，如世界最高的摩天轮、世界最大的空中泳池等。你可以说新加坡是座人工之城，但是以人为本的设计理念，让你置身钢筋混凝土的世界中却一点也不枯燥乏味，多元文化的精髓在这里得到完善的保存，让这里不光充满现代的艺术氛围，更具纯粹的民族气息。多民族、多种族文化的汇合，让这里产生新的魅力，而且是新加坡独有的多元魅力。

鱼尾狮
(The Merlion)

免费

🏠 Merlion Park 🚇 如果住在滨海湾附近，早晨可以步行到鱼尾狮公园；如果住在其他区域，可以坐地铁到莱佛士坊站（Raffles Place），从H出口步行15分钟到鱼尾狮公园；还可以直接搭乘出租车到这里

　　鱼尾狮公园位于滨海湾的西南岸边，公园并不大，但这里是游览新加坡必到的地方。说这里是必到的景点，并不是因为鱼尾狮雕像特别宏伟、难得一见，而是因为鱼尾狮是新加坡的象征，是对新加坡人智慧、勇气、力量的诠释。雕像洁白鲜亮，狮身英姿勃发、气宇轩昂，鱼尾却又柔美鲜活。

　　早上到这里是比较好的，鱼尾狮面向着入海口，狮口中日夜不停地喷出水花，汇入河水，河水又奔向大海，营造出滨海湾充满灵动之感的景致，清晨柔美的阳光迎着鱼尾狮扑来，更增添了魅力，而且早上人也会相对少一些。公园里有一个观景平台，可以从正面看到鱼尾狮，这也是最佳拍照点。不知是从何时开始，来到这里拍一张用嘴巴接水的照片，被赋予了"接财"的寓意。在观景

新加坡好好玩 · 滨海湾地区 · 行政区 · 历史文化区 · 新加坡河河畔 · 牛车水 · 武吉士 · 甘榜格南地区 · 港湾地区 · 小印度 · 加东地区 · 郊区 · 樟宜村和乌敏岛 · 圣淘沙岛

25

台上，所有游客都在摆着各种姿势跟鱼尾狮合影。

从1972年起屹立于滨海湾的鱼尾狮雕像，是传统意义上新加坡的地标建筑。这座雕像的设计来源于新加坡历史上的一个传说，《马来纪年》里讲到，在8世纪时，来自三佛齐的一位王子在前往马六甲的途中航行到了这座岛，想要上岛一探究竟，刚一登陆，就看见一头狮子飞驰而过，王子感到这种神物十分美丽，于是把这里叫作"新加坡拉"。梵文中"Singapura"是"狮子之城"的意思，所以今天新加坡也叫作狮城，而本地人也更喜欢狮城这个称呼。

鱼尾狮这一具体形象是1964年由弗雷泽·布仑纳设计出来的，之后被采用为新加坡的城市标志，随后就如同法国的埃菲尔铁塔、美国的自由女神像一样，被世界所熟知。早先刚完成的雕像，并不是安放在现在的位置，而是在现在位置西侧120米的安德逊桥旁，因为滨海大桥落成后，原来的位置影响了游客观赏鱼尾狮，于是在2002年将鱼尾狮移到了现在的位置，并建造了新的鱼尾狮公园。

滨海艺术中心
(Esplanade-Theatres on the Bay)

 1 Esplanade Drive 地铁市政厅站（City Hall）Marina Square 出口 周一至周五 10:00-20:00，周六 11:00-20:00 演出票价查询官网或者大厅公告牌，非演出时免费
 www.esplanade.com

这座俗称"大榴梿"的建筑坐落在滨海湾的北岸，占地面积有 60 000 平方米，是新加坡的表演艺术中心。建筑外形看起来像榴梿，是因为在玻璃帷幕外加了铝遮阳板，解决了只有玻璃帷幕而造成的温室问题。这种遮阳的方式，也成就了独一无二的建筑设计，更让滨海艺术中心成为新加坡滨海湾区域的标志性建筑之一。

这座新加坡顶级的表演艺术中心里，除了剧场和音乐厅，三楼还有一个以艺术为主题的公共图书馆，弥漫着优雅的艺术氛围，还有滨海艺术中心购物坊，是集合了购物餐饮的综合娱乐中心。艺术中心外面的开放表演舞台也很漂亮，坐在旁边的咖啡座，喝杯冰凉的果汁，可以在稍作休息的同时欣赏滨

Redefining
Brasserie Chic
by the
Waterfront

CLIFFORD

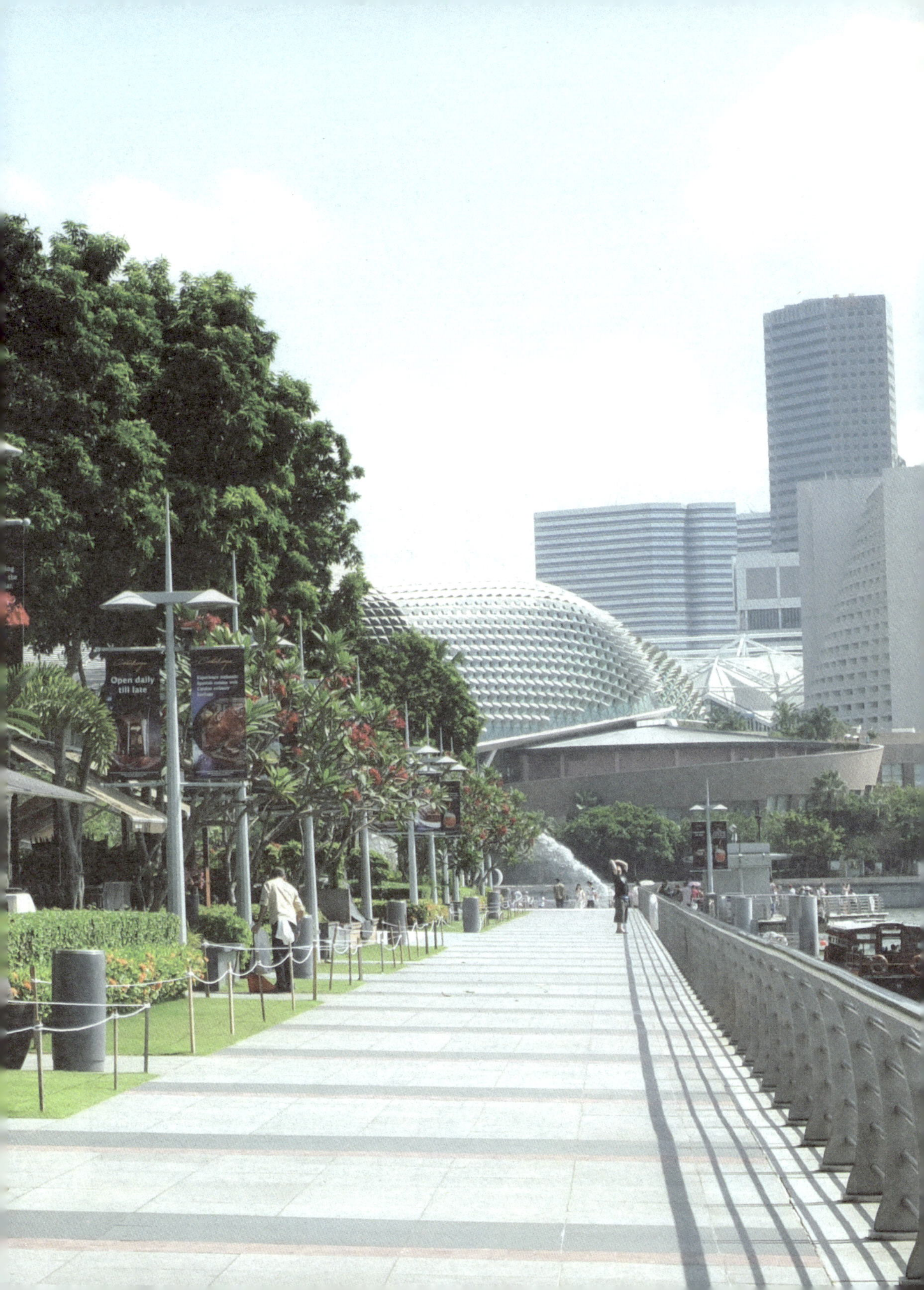
Open daily
till late

超惠游 新加坡

海湾的风景。此外，有名的无招牌海鲜店这里就有一家。

音乐厅有1 600个座位，配有声学家Russell Johnson打造的世界级音效系统，目前世界上只有6座音乐厅有这样等级的音效系统，加上舞台的独特设计，让这座音乐厅可以呈现各种形式的音乐演出。剧院可以容纳2 000个座位，里面的表演舞台是新加坡最大的表演舞台，不管是古典、现代、舞台剧、歌剧等何种形式的演出，在灵活的舞台设计和完善的配套设施下都能完美地展现在观众眼前。

省钱小助手

在滨海艺术中心的户外场地和大厅会有不定期的免费表演，品质并不低，同样值得驻足欣赏。另外，楼顶的开放空间也是欣赏滨海湾美丽夜景的绝佳位置。

双螺旋桥
（Double Helix Bridge）

免费

🏠 6 Raffles Boulevard　🚇 地铁市政厅站（City Hall）艺术中心出口或者海湾舫站（Bayfront）金沙购物中心出口

双螺旋桥横跨海湾，连接滨海湾金沙购物中心和购物中心北面的莱佛士道（Raffles Avenue），不锈钢管呈双螺旋式的曲线缠绕盘旋，是世界上首座双螺旋结构的人行桥。其设计灵感显而易见，是来自DNA结构，因此也意味着生命的延续、更新和成长。

台湾偶像剧《我可能不会爱你》中，有男主角李大仁从桥上慢慢走过的镜头。踏上这座梦幻的桥，思绪也随着旋转的螺旋飘远了。突然想起来剧中的那句话："是不是走过你走过的路，看过你看过的风景，就会离你更近了。"桥上有很多跑步、骑自行车锻炼的人，他们的运动路线是围绕着滨海湾的，这座跨在河面上的人行桥正好让滨海湾的人行步道围成了完整的一圈。

桥体将滨海湾南北连接起来，其实是有效地将这个区域的观景和商务区域连接起来，让滨海湾的各个地标景点浑然一体，使游人可以惬意舒适地环滨海湾步行一周，而独特的设计使桥本身也成了一个新的地标建筑和游客必去的景点。双螺旋桥旁边就是滨海湾的车行大桥，而走在这座神奇的建筑上，完全感受不到旁边汽车的疾驰，也完全没有焦躁紧张之感。

桥上有5个观景平台，白天站在观景平

31

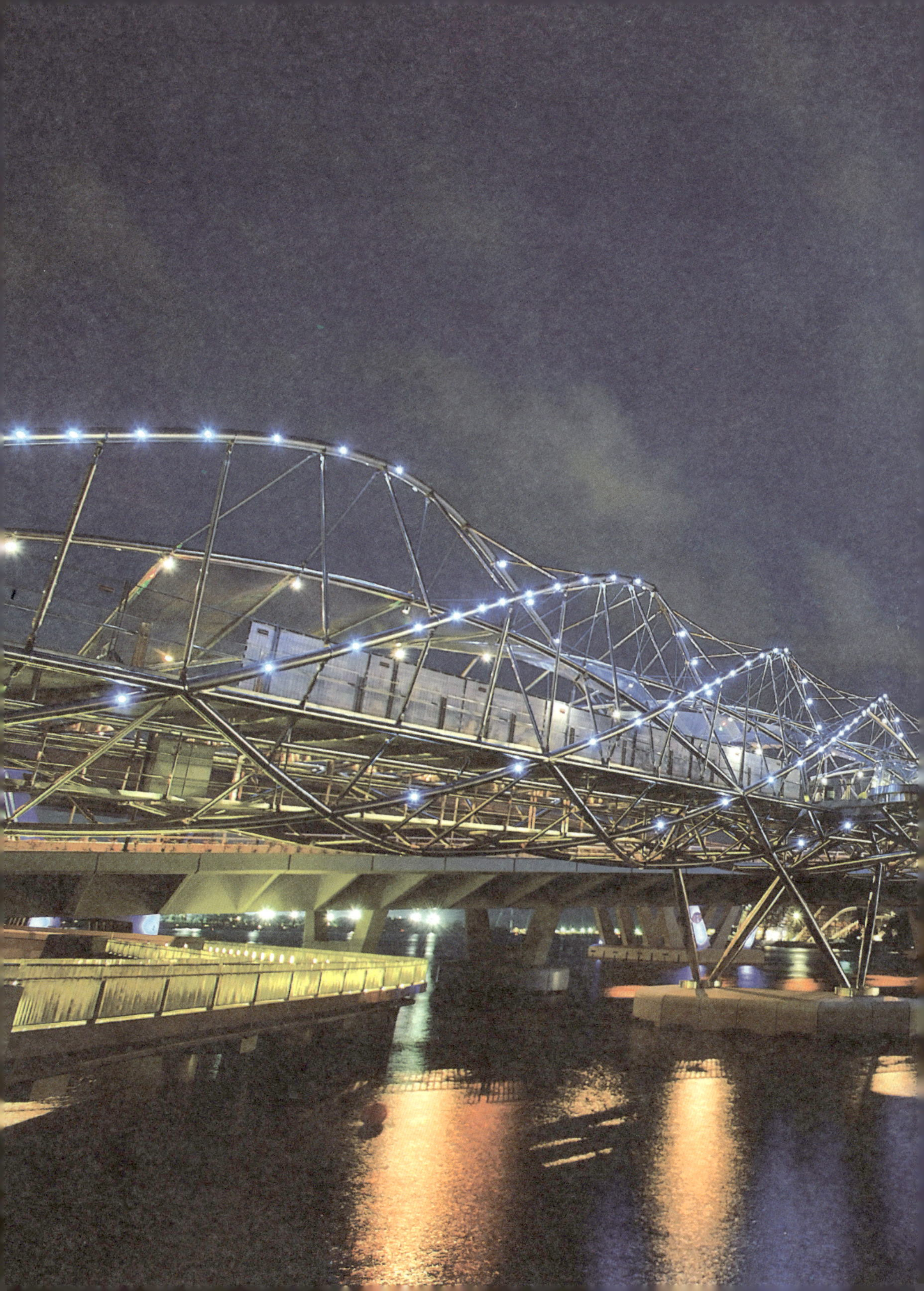

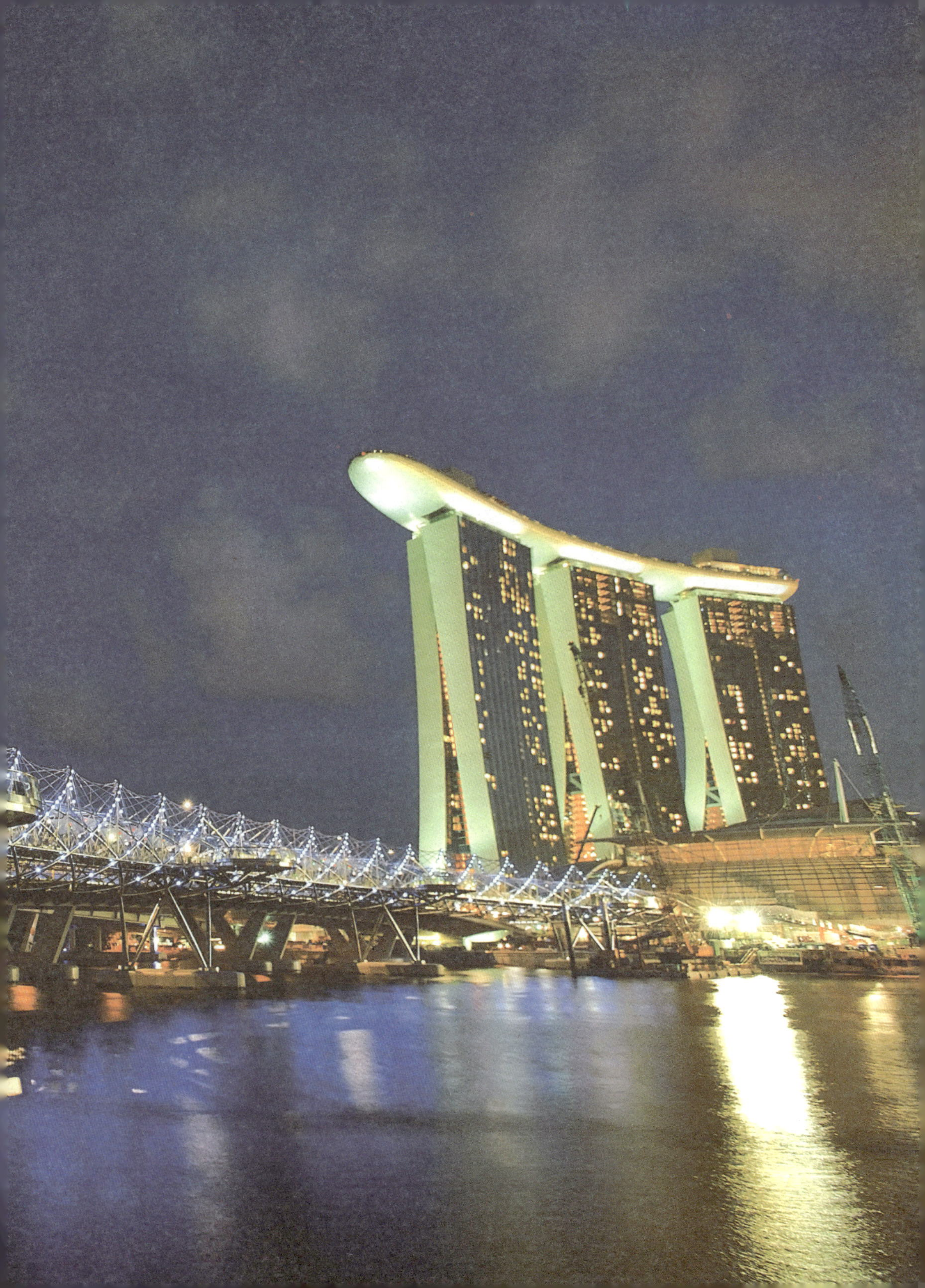

台上望去，双螺旋桥映衬着远处蔚蓝的天空，呈现出完美的曲线，牵引出更加壮阔的天际线；而晚上，别具匠心的灯光设计，让双螺旋桥呈现出柔美、梦幻、神秘的色彩，连同旁边金沙酒店和摩天轮的霓虹灯光，在夜晚湛蓝的天空幕布下绘制了一幅唯美的光线画作，让滨海湾的夜，越深越美丽。双螺旋桥是夜晚滨海湾河面上表演的绝佳观赏地。

灯光水幕秀
（Water Curtain Show） **免费**

滨海湾购物中心，鱼尾狮公园　仅限天气许可时开放

金沙酒店在 20:00 会有灯光秀，美丽的光线从楼顶投向天空、河面，向所有滨海湾的游客发出热情的问候，美妙又动人。金沙购物中心广场在 20:00、21:00 各有一场滨海湾灯光水幕秀，在广场前的河面上，用水幕、灯光、音效上演一场视觉的盛宴。

新加坡 F1 赛道
(Marina Bay Street Circuit) **免费**

🏠 Marina Bay 🚇 地铁市政厅站（City Hall）滨海艺术中心出口 💰 比赛观赏票参考网站价格，无比赛时为免费 🌐 www.singaporegp.sg

新加坡赛道是亚洲地区第一条 F1 城市赛道，这条赛道全长 5.067 千米，一共有 23 个弯道，最高允许速度为 290km/h。

新加坡的城市赛道虽然不像摩纳哥赛道那样，拥有最慢弯角和隧道等最能展现车手车技和制造震撼效果的路况，但是整个观景平台的设计和周围的建筑足以让车迷叹为观止。因为除了可以在看台上欣赏比赛，最特别的是可以在新加坡的摩天轮上，从高空欣赏精彩的竞技。赛道并不算宽，有一处连续 3 个 90°的减速弯道，能很好地展现车手的技术水平，制造精彩瞬间。

此外，所处的环境也让这条赛道大大加分。整个赛道环绕着滨海湾，沿途经过滨海湾浮动舞台、滨海艺术中心、摩天轮、金沙酒店、浮尔顿酒店、市政厅、新达城这些著名地标建筑。赛车穿梭在现代化的城市地标建筑群中，极富科幻色彩。车迷在这里不仅能过足车瘾，还能欣赏花园城市的现代化美景，并在滨海湾边的各种餐厅、酒吧里享受美食、美酒。

官网上接受信用卡订票。赛场看台划分成不同的区域，有座位和走动票之分，还有根据时间和看台区域打包的不同套票，可以根据自己的需求选择，比如包含 Zone1 区域的套票就可以免费无限次乘坐摩天轮。（具体的政策还需要依据官网具体办法。）

摩天观景轮
（Singapore Flyer）

🏠 31 Raffles Ave 🚇 地铁宝门廊站（Promenade）；城市旅游观光巴士终点站 ¥ 普通成人33新元，一人一圈；酒吧间60新元起一人一圈，餐厅间200新元起，两人两圈。可以向工作人员租用语音导游器来了解你看到的城市景观介绍，60岁以上的游客票价有优惠。🌐 www.singaporeflyer.com

新加坡摩天观景轮是由世界知名的日本建筑师黑川纪章博士（Dr.Kisho Kurokawa）以及新加坡缔博建筑师事务所（DP Architects）携手打造的。摩天观景轮被架在一栋3层楼的休闲购物中心之上，高达165米，直径达到150米，是世界闻名的巨型观景轮。摩天轮的固定观景舱体型如同中型巴士，可容纳28人，旋转一周大约30分钟，同一时间可乘载784位乘客。

游客在座舱中可以360°欣赏城市建筑、入海口，甚至可以看到马来西亚和印度尼西亚的部分岛屿，波澜壮阔的风光尽收眼底。

除了日常供游客乘坐观景之外，摩天轮还会承办各种商务活动，比如，会议、聚餐、为新人举办空中婚礼等，而且还会不定期推出特色定制的梦幻之旅，比如，星空漫宴飞行旅程、星空下午茶、特色鸡尾酒飞行旅程等极具特色的飞行体验，感兴趣的可以去官网提前订购门票。

观景轮因为紧邻F1赛道，在乘坐入口处有一家专门出售F1纪念品的店铺，里面摆放着一台炫酷赛车，非常抢眼。但是如果想要拍赛车或者跟赛车合影，需要支付6新元。

滨海湾花园
（Gardens by the Bay）

🏠 18 Marina Gardens 🚇 地铁海滨坊站（Bayfront）CE1 出口 🕐 冷却温室 9:00-21:00；户外花园 5:00 至次日 2:00 💰 冷却温室 28 新元，空中走道 5 新元，观光车 5 新元
🌐 www.gardensbythebay.com.sg

这座人工打造的超级花园，占地面积达1平方千米，造价达到10亿新元，收纳近25万株珍贵的奇花异草，是建造在填海土地上的。园区分为滨海南花园、滨海东花园、滨海中花园，其中滨海南花园最大，里面屹立着12棵令人震撼的人工建造的"超级树"，也就是16层楼高的垂直花园，超级树不光可供游人在树顶观赏风景，更重要的是有收集雨水、吸收太阳能的重要功能。这里奇花异草特别丰富，犹如进入了仙境一般。

炎热的天气里，这里的冷却温室馆（Cooled Conservatory Complex）是最吸引人的景区。这座世界上最大的室内植物馆在2012年获得了世界建筑节年度最佳建筑奖，让2012年才对外营业的花园，成为新加坡新的热门话题。

馆内还原了地中海气候，在怡人的温度和湿度中，穿梭在猴面包树、橄榄树之间，真的感叹设计和建造者天马行空的大胆想法。人工景区的生涩冷硬，在这里完全感受不到，俨然置身于奇幻的自然世界。夜晚"超级树"慢慢亮起美丽的灯光，整个园区宛如仙境一般，是绝对不可错过的观赏体验。

新加坡好好玩 · 滨海湾地区 · 行政区 · 历史文化区 · 新加坡河河畔 · 牛车水 · 武吉士 · 甘榜格南地区 · 小印度 · 加东地区 · 港湾地区 · 郊区 · 樟宜村和乌敏岛 · 圣淘沙岛

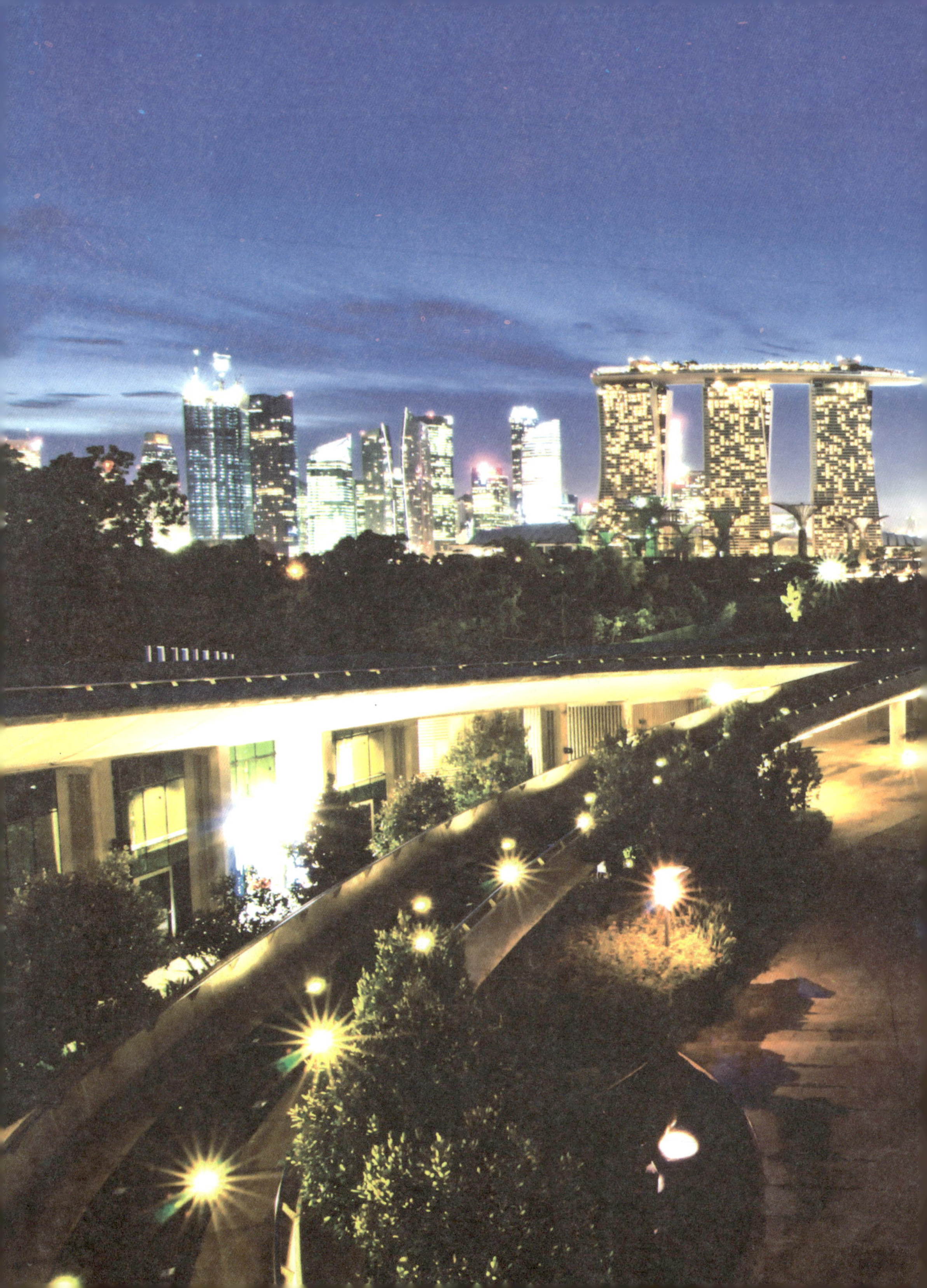

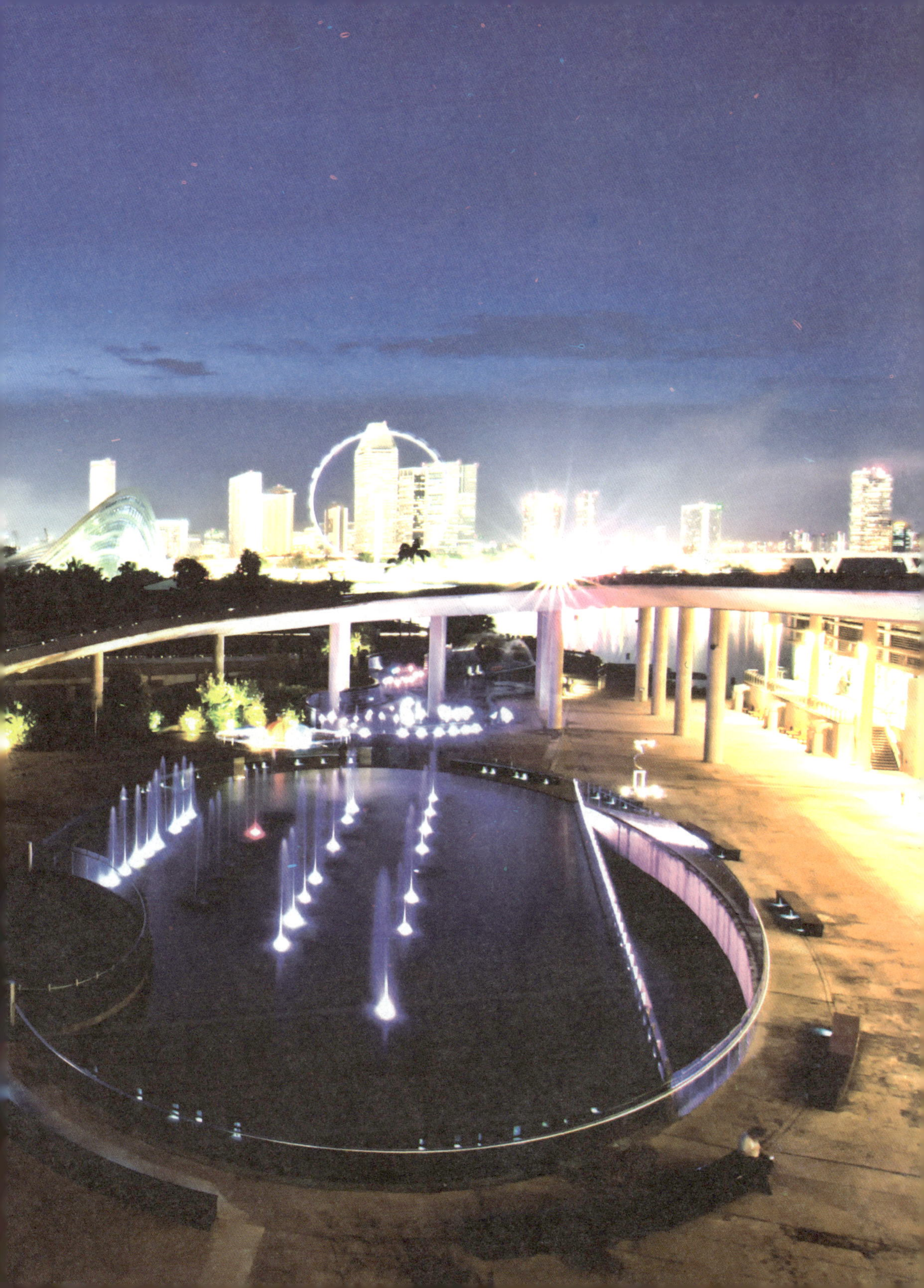

浮尔顿文化区 免费
(Fullerton Heritage)

　　浮尔顿文化区以浮尔顿酒店大厦为主，包括一号浮尔顿、水船楼、前海关大厦、红灯码头。该区域坐落在新加坡河河口，其中最著名的就是浮尔顿酒店，这座酒店最早叫作浮尔顿大厦，名字来自第一任海峡殖民地总督罗伯特·浮尔顿的名字，在1928年6月竣工开张。

　　当时这栋建筑里主要有邮政总局、交易中心、新加坡俱乐部、海运部、进出口部等办公。1942年，第二次世界大战期间，大厦曾被临时用作医院。从1970年开始，浮尔顿大厦被新加坡税务署当作总部大楼使用，直到1997年，大厦开始改建为酒店。

　　这座饱经风雨的大厦，见证了新加坡近

代历史的变迁。为了保留浓厚的历史气息，大厦的改建基于原始的设计，用灰色阿伯丁花岗岩，搭配新古典主义建筑风格。历史的蛛丝马迹，现在在这座酒店里仍旧可以找寻。这座酒店获得了诸多奖项。现在，作为新加坡辉煌和沧桑的重要见证之地，酒店在保留历史痕迹的同时，兴建了新的配套设施，打造顶级的餐饮、购物、休闲、娱乐中心区域，在不乏顶级酒店和娱乐中心的滨海湾地区，依仗本身的历史特色，形成了独具历史文化魅力的酒店区域。

行政区·
历史文化区

新加坡的城市风情，除了前卫的现代化地标建筑群之外，还有殖民时期留下来的欧洲新古典主义风格建筑群，主要集中在殖民区。殖民区是英国殖民时期主要的行政中心区域，在新加坡河入海口的北岸。新加坡政府将这区域的建筑很好地保护了下来，重新规划利用、改建维护，成了既保有历史风貌、又具备现代用途的建筑群。这里的建筑极具艺术魅力，从游览的角度说，除了滨海湾一带，这一区域是新加坡花园城市的重要代表区域，任何一栋建筑，在新加坡的历史上都有重要的地位和故事，这也赋予了新加坡浓厚的历史韵味。

市政厅及最高法院 免费
（City Hall & Supreme Court）

🏠 地铁政府大厦站（City Hall）

市政厅最初叫作市府办公厅，这里是曾经的权力中心，新加坡历史上的重要转折事件都是在这里上演的。比如，1945年，日军在市政厅前递交了投降书。而在1952年，英国国王乔治六世将新加坡升格为市，把这里改名为市政厅，标志着新加坡迈向了自治、独立的宪政体制。虽然早已时过境迁，市政厅仍然在新加坡占有重要地位。市政厅耸立着的高大的科林斯柱，非常漂亮，这种石柱的雕刻样式复杂，是古希腊建筑中三大古典柱式中最显高贵奢华的一种风格，希腊雅典的宙斯神庙正是用了这种柱式。

市政厅旁边就是最高法院大厦（Old Supreme Court Building），这栋古老建筑原本是欧洲商人于1900年建造的欧洲大酒店，1936年重建成了最高法院。1937年这座大厦的奠基仪式中，在基石下埋下了一个时间囊，里面放着1937年3月31日的报纸和当时的钱币。1965年这里又被用作国会大厦。这栋

建筑最有意思的地方是墙面上一组含有寓意的雕像，雕塑在大门上的三角屋顶墙面上，是意大利米兰的雕塑家卡瓦列·鲁多夫·诺里（Cavalieri Rudolfo Nolli）的作品。

雕塑中间是一位巨大的正义人物，其左边身旁跪下的是祈求帮助的人，最左边的人代表欺骗和暴力，右边的牛和男人代表繁荣，两个孩子手举小麦代表富足，还有手捧书本的人物代表立法者。左侧正义人物的样貌与右侧人物的样貌有着鲜明的对比，一副简单的雕塑作品让人们看懂法律真正的意义。

市政厅和最高法院旧址周围的区域，有着浓厚的新加坡殖民时期留下的欧洲风格，加上前方的巴东公园，使这一带有了一种优雅的安静。这里隐藏在繁华的滨海湾一隅，闹中取静，很适合放慢脚步，慢慢欣赏各式建筑，细细了解历史的点点滴滴。

以前最高法院允许参观旁听，需要穿戴整洁，严格遵守秩序和程序。近期这里正在修复。修复之后，有可能改建为新加坡国家美术馆。

和平纪念碑
（Cenotaph）

免费

🏠 Beach Road 🚇 地铁政府大厦站（City Hall）或者滨海中心站（Esplanade）

该纪念碑是用来悼念日军占领新加坡期间被杀害的平民的。1967年2月15日，纪念碑在新加坡前总理李光耀的主持下宣布落成，之后每年的这一天，人们都会到和平公园举行悼念活动。就像李光耀在悼词中说的那样，当人们对未来事物与发展毫无防备之时，什么可怕的祸患都有可能降临，这座纪念碑时刻警醒人们，认真吸取历史的教训，勇敢地走向未来。

纪念碑下埋葬的，是20世纪60年代在新加坡许多郊区发现的被日军杀害的平民尸骨，这座纪念碑正是用来祭慰亡灵，希望亡灵得到永久的安息。此外，这座纪念碑的设计还有更深远的寓意。70米高的碑身，是由四支锥形的白色石柱组合在一起而成的石塔，这象征新加坡的华裔、马来人、印度人、欧亚裔共同担负苦难、共创未来的精神。纪念碑上有关于第二次世界大战时期历史的详细记载，游客可以了解那段沉重的历史。

圣安德烈大教堂 免费
（St. Andrew's Cathedral）

🏠 11 St. Andrew's Road 🚇 地铁莱佛士坊站（Raffles Place） 🕘 9:00-20:00，有时大门会锁上 🌐 www.livingstreams.org.sg

该教堂全名叫作圣公会圣安德烈座堂，是圣公会新加坡教区的主教堂，圣安德烈十字是教堂的标志。最早兴建于1835年的教堂建筑，经过两次雷击，已经损毁，现在这座建筑是1856年再次设计修建的，在1861年10月1日举行了第一次礼拜。教堂如今仍在继续使用，周末会有多场崇拜和聚会，针对

不同信徒，分别有华语、粤语、英语等语言的崇拜会。

圣安德烈教堂被列为新加坡国家古迹，洁白的哥特式建筑安静地坐落在干净美丽的花园草坪之中，高高的尖顶耸入蓝天，极富肃穆感。由于在石灰中混入了贝壳、蛋白、椰壳等物，加水制成坚固的石膏来砌成外墙，因此整个建筑外墙格外地光鲜圣洁。

教堂里面还有图书馆（Tehr Graham-White Library），供信徒们阅读书籍。南耳堂的游客中心，有反映教堂历史的视频、照片和历史文物。

莱佛士登岸遗址
（Raffles Landing Site）

免费

Singapore River at the end of Old Parliament Lane 地铁政府大厦站（City Hall）

莱佛士全名托马斯·斯坦福·莱佛士爵士（Sir Thomas Stamford Bingley Raffles，1781—1826），莱佛士在新加坡有着很高的历史地位，有很多用来纪念他的建筑、道路保存至今，而且只要是跟莱佛士挂钩的，都是顶级、高档的代表。之所以用这样的方式纪念他，是因为他是英国在这里殖民期间著名的政治家，是他把新加坡建立成为欧洲和亚洲之间的重要港口。莱佛士14岁进入伦敦的东印度公司工作，1805年被派遣到今天的马来西亚槟城，之后作为公司重要代表，负责这一区域的事务，直到1818年他再次进入苏门答腊岛后，于1819年在马来半岛南端的这个小岛上建立了一个自由贸易港，而且代表东印度公司宣布从苏丹获得新加坡治理权，成为新加坡总督，1823年离任。

登岸遗址是当时莱佛士登陆新加坡的地点，人们在这里树立起他的雕塑，来纪念这位对新加坡命运起到转折作用的历史人物。

维多利亚剧院不远处的新加坡河岸边，竖立着一座白色的莱佛士雕像，莱佛士就是从这里登上了新加坡岛的，并开始改变这座小渔村的命运。在维多利亚剧院前也有一座莱佛士的雕像，是黑色的铜像。

莱佛士是1819年2月登上新加坡的，在他到新加坡以前，就已经作为英国东印度公司的代表在马六甲一带进行殖民管理工作了。这期间他的勤奋好学和温文尔雅，竟然得到当地马来人的尊敬。他曾经为了熟悉殖民地的人文，学习了马来语，并积极跟当地人接触交流。这里的人们认为莱佛士彻底改变了新加坡的命运，使新加坡从原本的小渔村变成了世界重要商贸港，他对这里的长远发展、建设都有不可磨灭的贡献。而他本人的勤奋、温和、努力，积极与当地的马来人、华人、印度人接触，了解他们的文化，尊重他们的风俗，都赢得了当时人们的尊重，并留下了良好的评价。

雕塑区域不大，但是此处的雕塑不光是对新加坡历史上重要时刻的记录，也是人们对莱佛士的贡献和成绩的肯定。

亚洲文明博物馆
(Asian Civilisations Museum)

🏠 1 Empress Place 🚇 地铁莱佛士坊站（Raffles Place） 🕐 周一13:00-19:00，周二至周日9:00-19:00（周五闭馆时间延长至21:00） 💰 成人8新元（周五19:00之后有优惠），6岁以下儿童免费，7~18岁4新元，60岁以上老人4新元 🌐 www.acm.org.sg

新加坡是移民国家，多元文化的汇合地，多种族的融合地，亚洲文明博物馆就是为展示移民先祖带来的有形和无形的文化遗产而建的。这座皇后坊分部，连同亚美尼亚街道南学校旧址的土生华人博物馆分部，一起组成了新加坡亚洲文明博物馆。

这座博物馆珍藏了新加坡早期移民的宝贵历史文物，馆内的文物汇聚了亚洲各个地区和国家的文化精髓，虽然没有久远的历史，但是丰富的文化内容却也精彩纷呈。馆内展品的摆放设计，会让人有身临其境的感觉，加上人性化的阅读导览，都会吸引你在里面花上个把小时来欣赏。馆内分为东南亚艺廊、中国艺廊、南亚艺廊、西亚伊斯兰艺廊、新加坡艺廊5个部分，有丰富的文物、工艺品、照片，并且有翔实的宣传册、语音导览等来介绍各个文明在这里的发展，有关不同区域的宗教信仰、图腾、工艺、观念等都会完整

地呈现出来,让你细致地领略亚洲文明。

新加坡艺廊里记录了 14 世纪以来新加坡河河畔的发展变迁,里面展示了许多人们登陆之初劳作的工具和使用过的各种货币,从最初的移民登陆到进行商贸活动的点滴历史由此逐一呈现在眼前,阅读各种展品的文字介绍,就会串起整条历史脉络。中国艺廊、东南亚艺廊和西亚艺廊里陈列着具有各自特色的历史文物,不同地域的宗教信仰、艺术品都有着很大的差异,可在差异中你又能看到千丝万缕的联系。不同文化的影响演变,会让你对亚洲文化发展有更深的了解。

此外还有模拟场景,比如模拟早期从新加坡河进来的中国、印度、阿拉伯等国的各种商船进行贸易活动的场景,来展现贸易对新加坡发展的影响。馆内看点非常多,如果想了解更多,可以通过电子触控屏幕去了解相关知识,甚至可以跟馆内工作人员聊天,他们会热情地帮你讲解。这座博物馆的魅力,绝对值得你花上几个小时细细体会。

这座建筑本身叫作皇后坊,建成于 1865 年,最早是英国殖民地的办公大厅,有着和这片殖民区一样的新古典主义建筑风格,建筑本身也很美。在楼上,还有个可以俯瞰新加坡河美景的安静的咖啡座,是你在河畔附近逛累时很好的休息场所。

博物馆外有一处现代金字塔形状的时间胶囊,密封于 1990 年新加坡独立 25 周年时,到了 2015 年新加坡独立 50 周年的时候才被打开。

维多利亚剧院和维多利亚音乐厅

（Victoria Theatre and Victoria Concert Hall）

免费

🏠 11 Empress Place 🚇 地铁莱佛士坊站（Raffles Place） 🕐 周二至周日 10:00-16:30 🌐 www.vch.org.sg

维多利亚剧院和维多利亚音乐厅两栋对称的建筑由一个古老钟楼连接，端庄、宏伟，是典型的殖民时期新古典主义建筑。根据名字可以知道，这是为了纪念当时英国的维多利亚女王而建的，当年只建造了维多利亚剧院，而在女王去世后，才在剧院的旁边建造了维多利亚纪念堂，两座建筑由一座钟楼联结。不难想象，在女王的光环下，这座剧场的设施规格也是顶级的。直到1978年，纪念堂改建为音乐厅。

连接两栋大楼的钟楼高达53米，皇冠型的圆顶高高在上，钟楼的大钟直径4米，让这两栋先后建起来的大楼浑然一体，被誉为"最具建筑学影响力"的剧院。

有趣的是，在新加坡河河畔竖立的莱佛士雕塑是洁白的，而竖立在不远处剧院旁的雕塑是黑色的。因此有人开玩笑说，莱佛士下了船，从河畔走到维多利亚剧院，短短的距离内就晒黑了。一些极富艺术成就的文化盛事，都会在这里举办，如果有兴趣，可以关注官网的演出信息及时间安排。

旧国会大厦艺术之家
（Old Parliament House）

免费

🏠 1 Old Parliament Lane 🚇 地铁莱佛士坊站（Raffles Place） 🕐 周一至周五 10:00-20:00，周六 11:00-20:00 🌐 www.theartshouse.com.sg

这栋建于 1827 年的建筑，最早是一位苏格兰商人的私人住处，1965 年被用作新加坡国会大厦，现在是一座艺术馆，里面的时光走廊很好地展现了这座建筑的历史。它是新加坡最古老的政府建筑，属于新帕拉迪奥式建筑。

国会是实行三权分立制国家的最高立法机关，最早叫作议会，起源于英国，由最初的封建等级性质会议进化到近代民主选举式的议会，成熟后被世界大多数国家借鉴采用。新加坡于 1965 年 8 月 9 日独立后，第一次国会会议就在这里举行，这是新加坡历史上重要的一笔。开会时向民众开放，同时进行英语、马来语、华语、泰米尔语翻译，如今在走到这里时这一场面似乎还会浮现在眼前。

现在艺术之家内陈设的展品，多与音乐、舞蹈、电影、话剧相关，是艺术家们很好的展示平台。大厦内的展品也很好地展现了当年国会大厦运作时的精神风貌，讲述了这栋古老的建筑从最高法院到国会大厦的演变过程，纪念了当时为新加坡历史进程做出卓越贡献的人，见证了新加坡的社会发展。里面有几家时尚的餐厅和咖啡座，别具情调。

省钱小助手
除购票的活动外免费。

新闻及艺术部大厦
（MICA Building）

免费

🏠 140 Hill Street 🚇 地铁克拉码头站（Clarke Quay） 🕙 10:00-17:00 🌐 app.mica.gov.sg

新闻及艺术部大厦在新加坡河河畔非常显眼，是因为其鲜艳多彩的颜色和911扇窗户营造出的缤纷美丽气场。鲜明的绿色、黄色、红色、蓝色排列在一起，充满新颖的想法，为周围的街区和这座古老的建筑本身注入了无限活力。

大厦于1934年建成，是当时的警察局，也是最大的政府大楼，1998年被列为新加坡国家历史文物，2000年改建之后用作新闻部和艺术部的办公大楼。这座建筑的古典元素比其他殖民期建筑明显少了很多，所以算是当时现代化风格的大厦建筑了，现在却是一座有着古典风格庭院的礼堂。这里的中庭值得进去看看，翻新后的建筑仍然保留了之前的古老特色。

53

新加坡美术馆
(Singapore Art Museum)

🏠 71 Bras Basah Road 🚇 地铁百胜站（Bras Basah） 🕐 周一至周日 10:00-19:00（周五 10:00-21:00） 💰 成人 10 新元，学生 5 新元，60 岁以上老人 5 新元，6 岁以下儿童免费；周五 18:00-21:00 免门票 🌐 www.singaporeartmuseum.sg

这座建筑本身就是一件饱含艺术气息的作品，其前身是 19 世纪天主教学校圣约瑟书院，为古希腊式建筑。远看楼体稳重大气，走近又能感受到动人的优雅，1 楼外的回廊微微呈弧线，廊柱和廊顶的吊灯随着优美的弧线，呈现出近大远小的立体素描画面。在你欣赏艺术展品前，已经开始进入艺术情调中。

美术馆一共有 14 个展厅，共计 2 500 平方米，可以容纳 400 件艺术展品，无论是展览规模，还是里面现代化的影像设备，在东南亚都是首屈一指的。馆内收藏了大量当代和现代东南亚引领艺术潮流的艺术作品，有名家大师作品，也有新近艺术家的作品，并针对艺术作品营造有意境的展区，配合影像设备给参观者讲解创意的来源、构想及创作过程，就好像在跟艺术家面对面交流一样，处处体现出新加坡对艺术的重视和推崇。

一进入其中，人们会立刻凝神屏气，沉浸在典雅清逸的艺术氛围之中。馆内以纯白色为主色调，舒适安静。美术馆分为藏品展馆和主题展览，在门口的咨询台可以了解近期正在举行的展览主题，和永久展馆内展出的艺术作品，工作人员也会介绍馆内展览和游览线路。

美术馆的永久馆藏品超过 6 500 件，大部分是近代名人名家捐赠的个人藏品或者作品，比较著名的有拿督陆运涛遗赠的知名画家画作，新加坡知名画家张荔英遗赠的部分藏品，还有当代中国画坛泰斗吴冠中捐赠的大量个人作品。能获得如此多名人大家的信任，主要因为新加坡美术馆从建馆以来就不遗余力地开展各种艺术交流活动，弘扬亚洲艺术文化，促进新加坡本土艺术创新，其成效在东南亚甚至世界上都获得了肯定。

馆内不定期的主题艺术展览，展示的大多都是现代艺术家的前卫艺术作品。为了配合展示这类艺术作品，馆内专门有 e-mage 画廊，这里采用先进的互动式电子屏幕，介绍艺术家的作品、创意和想法构思，不仅更全面地展示了作品本身，也为欣赏者提供了更深入的了解途径。如果想要提前了解展览主题和时间，可以在新加坡美术馆的官网查询。美术馆在不同时期会推出特别的展览或者作品，服务台的工作人员会特别提醒你欣赏，也可以主动询问工作人员。

赞美广场
（Chijmes）

免费

🏠 30 Victoria Street 🚇 地铁政府大厦站（City Hall） 🌐 www.chijmes.com.sg

　　赞美广场是以建成于1904年的赞美礼堂为中心，汇集现代餐饮、娱乐、精品店的休闲购物广场。现代与古老在这里完美地碰撞结合，使赞美广场成为新加坡非常受欢迎的休闲娱乐区域。

　　赞美礼堂的前身是圣婴女子修道院，后来改成圣婴女子学校。这座教堂已经有百年的历史，是一幢美丽的哥特式建筑，其外形细节和颜色的运用，比其他教堂更华美丰富。大门外张贴了一对新人婚礼的海报，不难看出，这里是年轻人举行婚礼的热门场地，因为婚宴的关系，整个教堂布置得温馨浪漫。

　　这里的很多餐厅都有着高水准的料理水平，有中式、日式、意大利式等各种餐厅，也有以轻食为主的下午茶餐厅，还有很多酒吧和娱乐场所，加上广场的喷泉，让这里虽然十分热闹，但又优雅十足，年轻人来到这里都会爱上这里的。由于这里是婚礼场地的首选，上演过很多浪漫的婚礼场面，弥漫着温馨的氛围，许多情侣都会来这里，心照不宣地祈祷幸福。

新加坡国家博物馆
(National Museum of Singapore)

🏠 93 Stamford 🚇 地铁多美歌站（Dhoby Ghaut）B 出口 🕐 10:00-20:00，最晚入场时间为 19:30 💰 成人 10 新元，儿童、学生、60 岁以上老人 5 新元；周五 18:00 后可免费入场
🌐 www.nationalmuseum.sg

新加坡国家博物馆建于 1887 年，是新加坡历史最悠久，也是新加坡最大的博物馆。浓厚的新古典主义建筑风格，大气华美，它安静地坐落在茵茵草坪之上，向人们诉说着新加坡的历史。馆内主要分为历史馆和生活馆两部分，新加坡的历史并不久远，所以呈现的展品文物并不会有多丰富，但是博物馆却运用了大量的互动性展示方式讲述过去的历史，比如触摸屏幕、可嗅展区、口述历史和老电影展播等，这些互动方式让参观博物馆变得生动有趣，游客可以在更形象的环境下倾听老博物馆讲述过去的时光。

馆内文化生活馆分为电影戏剧展廊、摄影艺术展廊和传统美食展馆。在电影戏剧展廊中，会放映新加坡早期老电影，大多是新加坡本地导演拍摄的反映本地生活的经典影片片段，这些画面对普通人来说是几乎看不到的，安静地坐下来看看黑白画面里那古董级的妆容和电影技巧，却能一探早期这里人们的生活状态，这比通过书本文字了解更形象、轻松。展馆中的多媒体设备除了配合展品提供触摸屏幕供阅读资料外，还可以用耳机听珍贵的采访音频，如展出的早期华人布袋戏，就有很多采访音频片段，能具体了解到布袋戏中的故事情节、角色种类等知识。传统美食展馆中，竟然用了锅碗瓢盆的撞击声和吆喝声模拟早期市场的环境，展示了各种食物制作的工具和材料，可以发现不同种族生活的相互影响和演变。其实在趣味之下，人们更多的是被这里精心呵护自己历史和文化的用心而感动，会情不自禁地在这里认真了解新加坡真实而简单的历史。

新加坡国家博物馆与亚洲文明博物馆、

超惠游 **新加坡**

土生华人博物馆、新加坡美术馆并列为新加坡四大国立博物馆。博物馆历史悠久，但是最早建立的时候，并不是以社会科学为主，而是以展览、收藏自然科学类展品为主的博物院展馆。当年殖民时期的英国官员重视动植物文化，将新加坡本地动植物制作成标本或者画下来，收藏于此，以至于在那个年代就已经有很多科学家慕名来此了。博物馆收藏了 11 件新加坡国宝，其中有一块古石，可以追溯到 13 世纪。

土生华人博物馆
（Peranakan Museum）

🏠 39 Armenian Street 🚇 地铁政府大厦站（City Hall）下车，沿着史丹福路向西，走到亚米尼亚街（Armenian Street）路口向南即可到达 🕐 周一 13:00-19:00，周二至周日 9:30-19:00（周五 9:30-21:00）💰 成人 6 新元，学生、60 岁以上老人 3 新元 🌐 www.peranakanmuseum.sg

在生活习惯上，土生华人与本地华人有一些差异，但是在后来的社会发展中，是把土生华人归入华人一类的，之后土生华人族群很大程度上也受到本地华人的影响，很多风俗习惯被同化了，所以要想了解新加坡华人文化，也要了解土生华人这一族群。这里有一些坚持保护土生华人文化的土生华人后代，他们希望通过自己的努力能让这一文化传承下去。

为了保护东南亚特有的土生华人这一族群，新加坡建立了土生华人博物馆，将这一族群的发展、演变完好地记录下来，也将土生华人特有的文化、风俗呈现出来，让更多的人可以了解完整的华人文化。

博物馆一共有 10 个展厅，收藏了大量

有关土生文化的珍贵物品和资料。1楼的展厅首先界定了土生的概念，什么是土生？在马来语中"Peranakan"的意思是"……的子女"或"由……所生"，用来形容外来移民和当地马来女子所生的后代。古时世界各地的商人到东南亚经商，有很多就留在了当地，与马来女子结婚生活，他们的后代就是土生文化的祖先。华人与当地女子结婚所生的后代就被叫作峇峇娘惹，峇峇指男性，娘惹指女性，就是现在所说的土生华人了。

马六甲和槟城地区的华人移民，有两种可能的来源，一种可以追溯到郑和下西洋时期，那时候马六甲是受中国保护的，郑和的船队多次到达过那里，当时郑和船队上的中国人有一些留在了当地。另一种是明朝时期，有很多在海上经商的中国人在东南亚地区从事贸易，有很多人也留在了当地。这些人，就是土生华人的先祖了。他们继承父亲这一方的中国传统文化、风俗，也融入母亲那一边的马来习俗，形成了土生华人文化，一般有着较高的中华意识。莱佛士把新加坡变成英国的殖民地后，游说了大量马六甲其他地

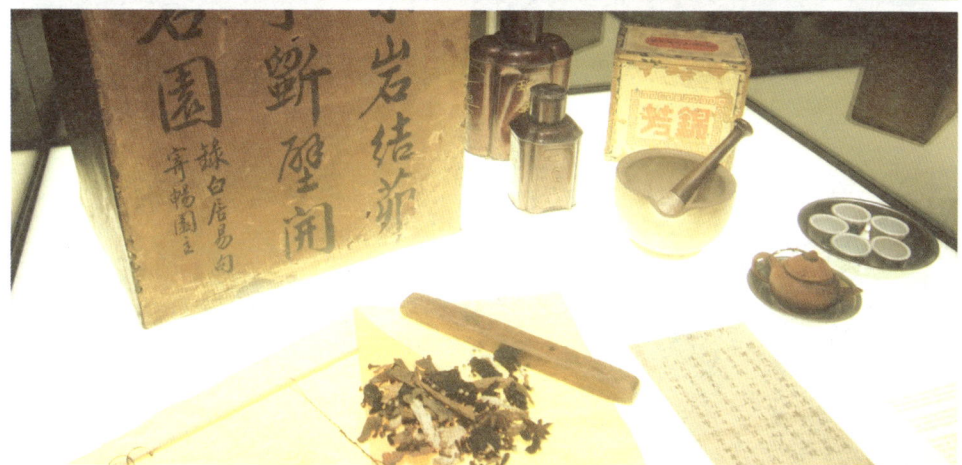

方的商人到这里经商，这批人中就包括大量土生华人商人，这也就是最早来到新加坡的土生华人族群。这些商人能讲英语、马来语、福建话，在当时有比较高的社会地位。

土生华人文化从17世纪开始世代相传，有了自己的饮食、服饰、风俗、信仰，不过从博物馆中大量的早期珍贵物品中，都能找到浓浓的中国元素：娘惹姑娘出嫁的嫁衣上仍然是大襟盘扣，绣着凤凰牡丹等传统图案，大户人家的家具摆设仍然雕刻着中国传统神兽图案，信仰中仍然祭祀祖宗和神佛，娘惹姑娘从小也会苦练我们所说的女红技巧等等。

博物馆中的文物资料会使参观者对土生华人有一个整体了解，而在现今生活中，土生华人与新加坡本地华人又有什么差异呢？其实今天土生华人与新加坡本地华人已经没有太大的差别了，不过早先新加坡的土生华人和一部分在新加坡的福建人大多搬到芽笼、加东一带，建造豪宅居住并经商，过着富足的生活，所以到加东、如切路走走，就能看到特点鲜明的土生华人生活风貌。想要更多地了解土生华人的文化，从博物馆出来就可以到加东、如切路，那里有地道的娘惹美食和娘惹古董手工艺品。

亚美尼亚教堂
(Armenian Church) **免费**

🏠 60 Hill Street 🚇 地铁政府大厦站（City Hall） 🌐 armeniansinasia.org

　　建于 1835 年的亚美尼亚教堂是新加坡最古老的教堂。教堂专为新加坡第一位亚美尼亚修道士圣格雷戈瑞（St. Gregory）而建。美丽门廊的多利斯柱，是传统亚美尼亚教堂建筑的特点，这座教堂也表达了对当时新加坡繁荣做出贡献的亚美尼亚人的敬意。教堂后的墓地，安葬着很多亚美尼亚后裔。

总统府公园
（Istana）

🏠 Orchard Street 🚇 在地铁多美歌站（Dhoby Ghaut）下车，然后步行穿过乌节路（Orchard Road）可达 📅 每年的开放日（Open House）只有4~5次，一般在农历新年、劳动节、新加坡国庆节、马来开斋节、印度圣火节 💰 成人1新元 🌐 www.istana.gov.sg

　　这座建筑融合了维多利亚文艺复兴风格、古罗马风格和哥特式风格，显得气势异常恢宏，又极富古典韵味，将各种风格的建筑元素都汇聚在了一起。整个总统府公园占地1平方千米，有百年老树，有50多种鸟类，可以算是生态园。很难想象，这个幽静的总统府竟然紧邻人潮熙攘的乌节路购物中心。在这里可以很好地了解新加坡总统府的历史。在开放日会有小朋友表演、义卖等活动，也有机会见到新加坡总统或者前总统本人。

新加坡好好玩 · 滨海湾地区 · 行政区·历史文化区 · 新加坡河河畔 · 牛车水 · 武吉士·甘榜格南地区 · 港湾地区 · 小印度 · 加东地区 · 郊区 · 樟宜村和乌敏岛 · 圣淘沙岛

集邮博物馆
（Singapore Philatelic Museum）

🏠 23B Coleman Street 🚇 地铁政府大厦站（City Hall） 🕐 周一 13:00-19:00，周二至周日 9:00-19:00 💰 成人 6 新元，儿童 4 新元
🌐 www.spm.org.sg

新加坡集邮博物馆是东南亚第一个邮票博物馆，是由新加坡电信管理局在 1995 年成立的，集邮博物馆最吸引人的宣传口号是"用邮票了解世界"。

博物馆位于一栋具有近百年历史的维多利亚式建筑内，收集了世界上 180 多个国家和地区的邮票，汇集了 19 世纪以来新加坡的首日封、邮票设计稿等珍贵展品。这里是东南亚第一座现代化的集邮博物馆，是集邮爱好者的天堂。这里还收藏有大量日本江户玩偶，也会让你大饱眼福。

新加坡集邮博物馆主要分为展览区和服

务区，服务区专门服务于集邮爱好者，在这里可以购买各种纪念票、首日封。展览区包括一楼的邮票介绍厅，可以了解邮票的发展史；二楼的邮票时光走廊，陈列着各个年代的珍稀邮票，可以了解新加坡的殖民历史。

集邮博物馆内还有一种有趣的展品，就是各种各样的邮筒，你能看到邮筒形状和颜色的演变过程。随着网络和电脑的普及，现在人们已经很少用手写信了，不过，选一张漂亮的信纸认真写下一封信，再把信纸折成漂亮的样式，装进信封，贴上邮票投进邮筒，之后就开始期盼着收件人接到信时脸上露出的笑容，这是许多人记忆深处的美妙回忆，邮筒自然也就成为回忆中重要的部分。

博物馆内还设计了集邮护照，护照册上每页都有一个问题，可以根据问题的提示在各个展厅内寻找图章盖在册子上，喜欢邮票的人会乐在其中。游览完集邮博物馆，在离开前可以在一楼的商品区买喜欢的明信片寄给亲朋好友，写好后可以到柜台盖特殊邮戳，然后投进门口那个古老的邮筒中。在柜台加盖特殊邮戳需要另外付费，一张 0.5 新元。

MINT 玩具博物馆
（Mint Museum of Toys）

🏠 26 Seah Street 🚇 地铁政府大厦站（City Hall）出来向北 🕘 9:00-18:30 💰 成人 15 新元，儿童 7.5 新元，两岁以下儿童免费 🌐 www.emint.com

这座玩具博物馆是世界上第一个为玩具设立的博物馆，"MINT"的意思是"Moment of Imagination and Nostalgia with Toys"，即"与玩具在一起的怀旧幻想时刻"。博物馆收藏了 19 世纪以来的珍贵玩具，摆放出来的展品其实只占总收藏量的十分之一，所以这里还会定期更换展品。

博物馆不大，一共五层楼，五层的主题是外层空间，四层是人物，三层是儿时记忆，二层都是藏品区，一层是纪念品售卖区。可以从一层坐电梯上到五层，从上往下走楼梯参观。

这里收藏的玩具包括世界 25 个国家的近代玩具，从蝙蝠侠、阿童木、丁丁到泰迪熊应有尽有，其中不乏具有百年历史的古董级收藏品。看着年纪远远老过自己的泰迪熊，现在仍旧可以作为电影的主角继续风靡全球，经典玩具的意义已经不仅是玩耍，而是我们成长的伙伴。

这座博物馆很小，也许会跟心理预期有差异。但如果抱着寻找童年记忆的想法，在这里你肯定会收获很多感动和回忆，许许多多的 70 后、80 后、90 后的童年都有这些玩具的陪伴。置身于此，你是否能找到儿时说过悄悄话的芭比娃娃，是否幻想过阿童木用他的超能力帮你打败困难呢？

新加坡河 河畔

新加坡河被誉为新加坡的母亲河，自新加坡岛西部的金声桥源起，向东南注入滨海湾入海口的蓄水池，贯穿了新加坡的中心地带。新加坡的历史渊源和兴盛繁荣都要从新加坡河说起。最初大量的移民，尤其是华人移民正是从新加坡河河畔登陆，踏上了这座小岛，开始了新加坡的移民历史。而早年英国殖民者莱佛士也正是从新加坡河河畔登陆，开创了新加坡海上贸易的篇章。新加坡河承载着太多新加坡发展的印记，这里至今仍有当年河畔码头的商铺仓库区域，仍有殖民时期大量的欧式建筑。顺流而下，就是入海口处的滨海中心，是一片被前卫建筑簇拥的现代化区域。在新加坡河河畔和滨海中心一旧一新、一古一今的对比下，新加坡历史变迁的魅力更加显现出来。

新加坡河
（Singapore River）

免费

🏠 Raffles Landing Site 🕘 9:00-23:00，末班船 22:00 🌐 www.rivercruise.com.sg

　　新加坡河总长3.2千米，自东向西贯穿整个岛。自从1819年2月29日莱佛士在新加坡河口登陆后，河的两岸发生了翻天覆地的变化，逐渐演变成了繁荣的商贸中心。不管是从自然角度，还是经济角度，这条河都被尊为新加坡的生命之河。新加坡河并不波澜壮阔、声势浩大，但见证了几百年新加坡的沧桑变迁。沿着新加坡河，两岸随意的一处风光，都蕴藏着历史的血泪和兴衰。

　　新加坡政府将河两岸带有历史印记的建筑、历史区域很好地保留下来，进行再利用，变成现在极富趣味的旅游景点、美食夜市，由此可见政府对历史的尊重和对旅游经济的重视程度。

TIPS

　　游览新加坡河，可以沿着河畔的步道慢慢散步，边欣赏河岸风景，边走访岸上景点；还可以乘游船，沿着新加坡河航行，坐在游船上，迎着微微的河风，欣赏两岸的风光。全程15新元，儿童8新元。

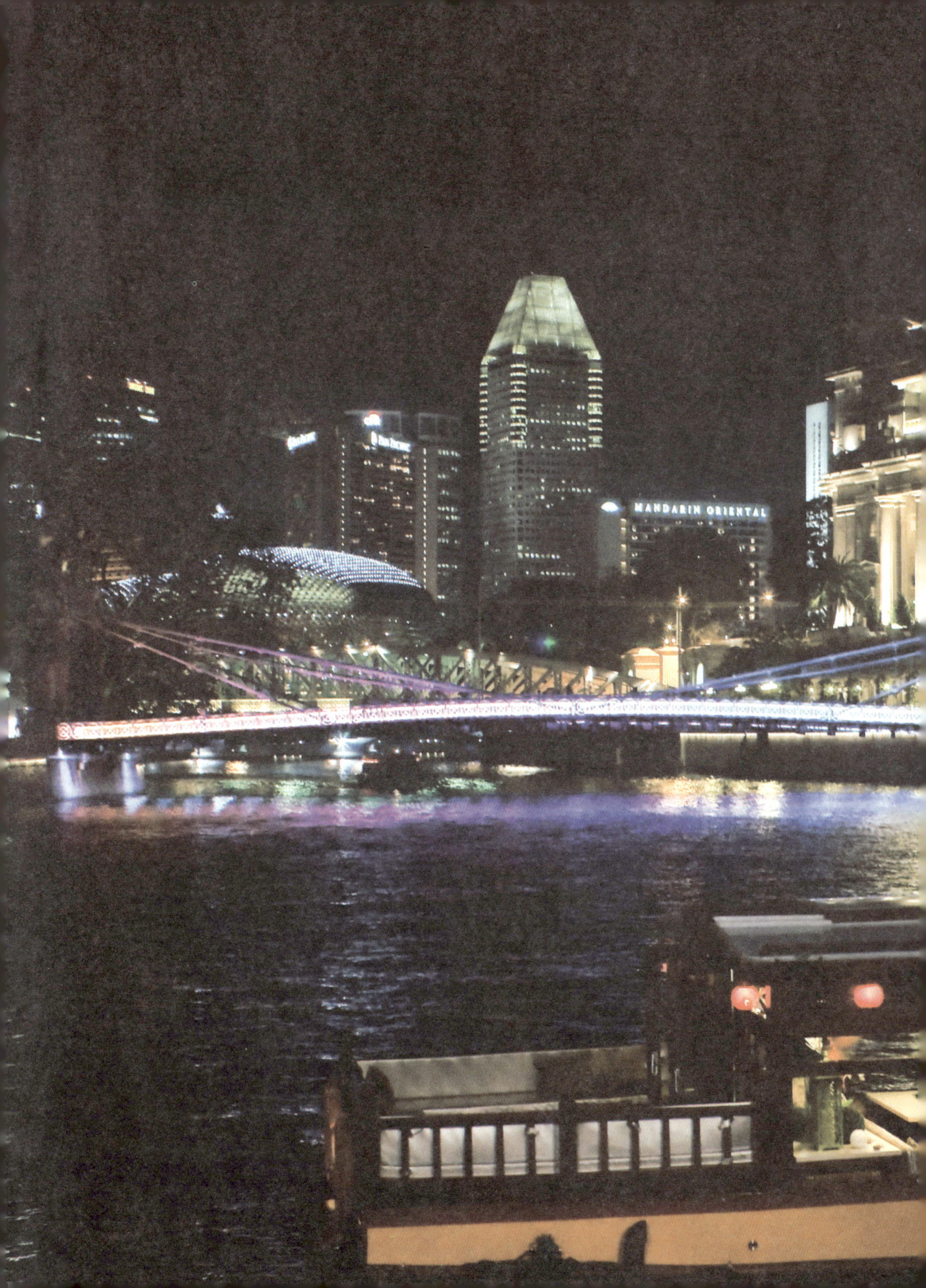
MANDARIN ORIENTAL

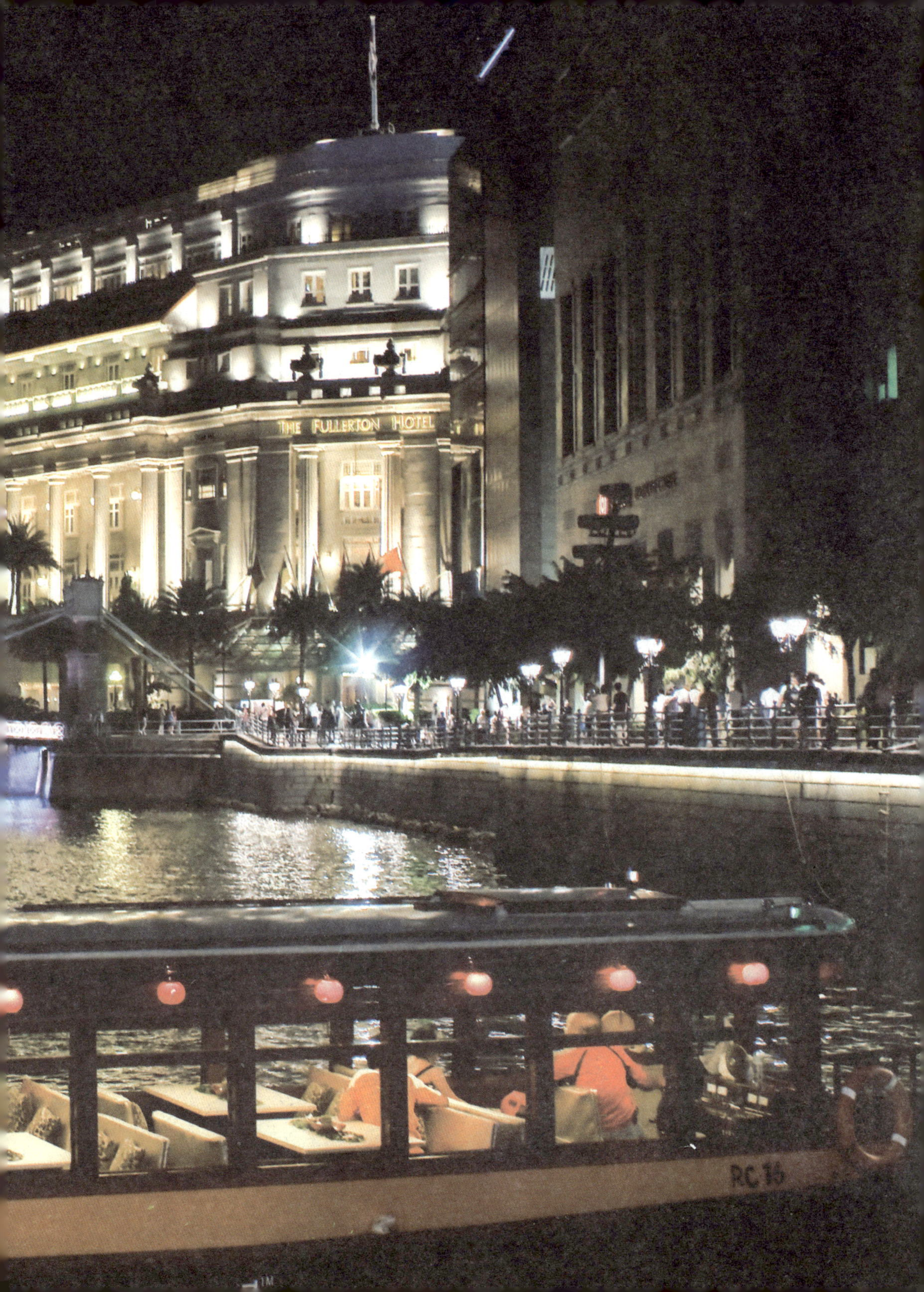
THE FULLERTON HOTEL
RC 16

驳船码头
（Boat Quay）

免费

🏠 Near Singapore River　🚇 地铁莱佛士坊站（Raffles Place）

驳船码头与克拉码头一样，都是由以前装卸货物的仓库区改建成的新兴的餐饮娱乐区。这里与克拉码头相比，会显得安静自然些。克拉码头搭建的走道适合现场表演，所以会更热闹，驳船码头的酒吧街则保留了原有建筑的样貌，尤其是沿着河边很长的露天就餐区设置得比较中规中矩，所以整体更显得安静内敛些。

驳船码头还有一个有别于克拉码头的地方，就是在贸易兴盛期，新加坡三分之一的贸易都在这里进行，这里也是新加坡海上贸易的重要发源地。

安德逊桥
（Anderson Bridge）

免费

🏠 Mouth of Singapore River 🚇 地铁莱佛士坊站（Raffles Place）

　　安德逊桥建于1910年，是一座整体洁白的铁桥，桥的一侧那栋区别于周围现代化的高楼大厦的古典建筑，就是著名的浮尔顿酒店。这座铁桥的名字来源于殖民时期的英国总督约翰·安德逊爵士（John Anderson），桥长70米，宽28米，1910年3月12日开通，靠近新加坡河的河口，浮尔顿酒店和鱼尾狮公园就在安德逊桥东端，联结着现在的殖民区和中央金融区。其外形大气沉稳，现在中间有两条车道，两侧为行人通道，行人和汽车通道被绿化区很好地隔开，丝毫不会影响步行。

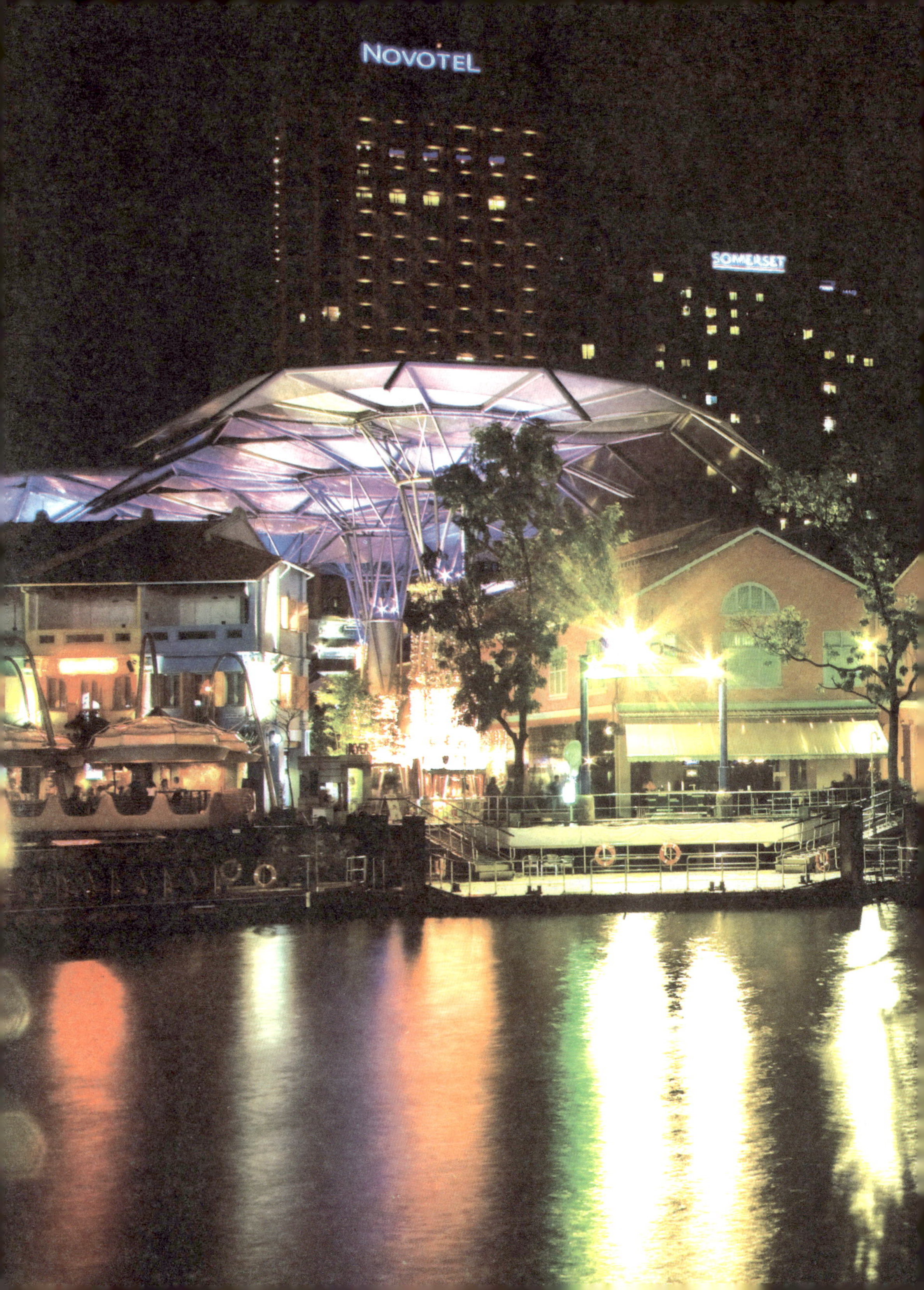
NOVOTEL
SOMERSET

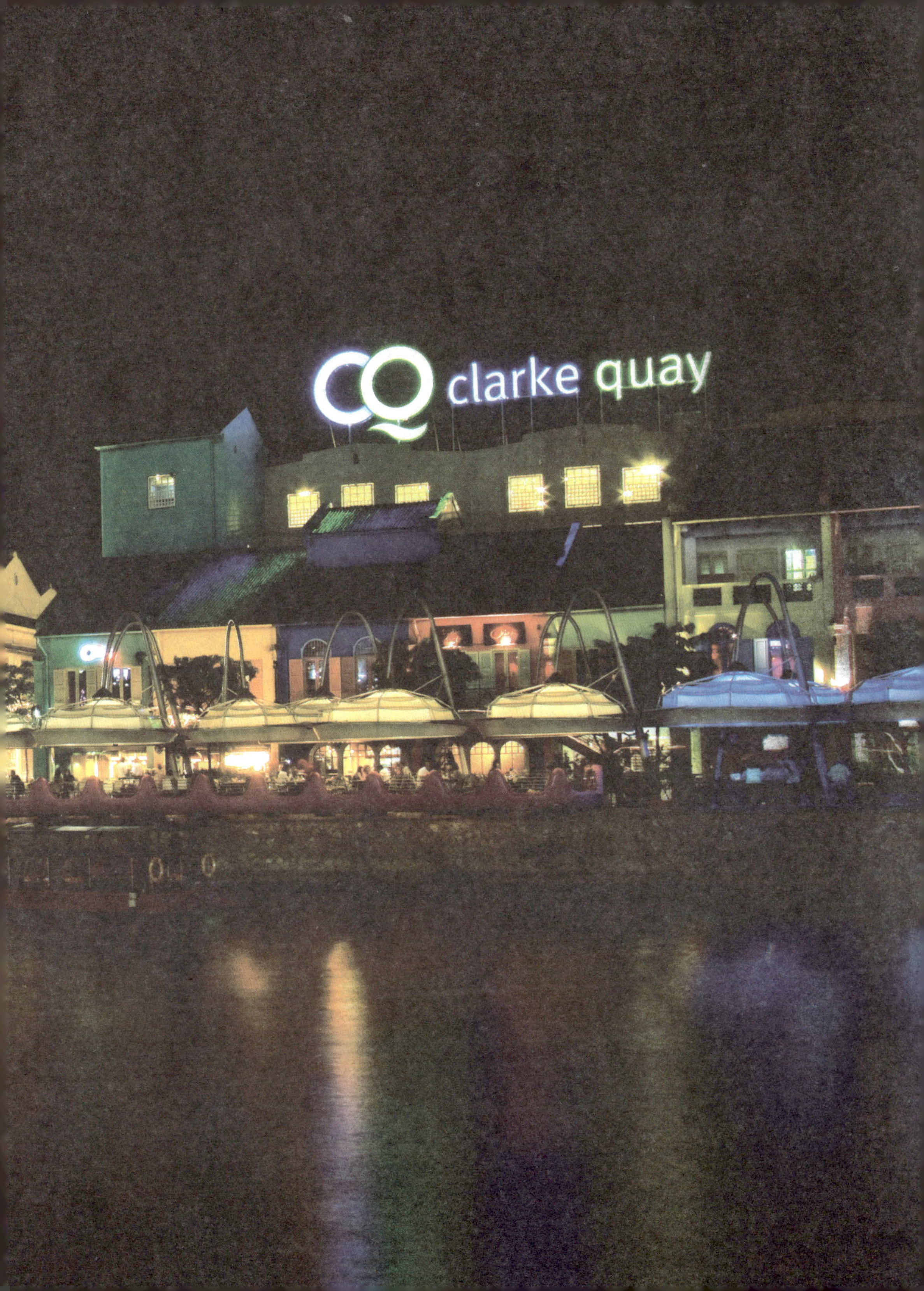
CQ clarke quay

加文纳桥
（Cavenagh Bridge）

免费

🏠 Cavenagh Bridge 🚇 地铁莱佛士坊站（Raffles Place）

这座桥是新加坡唯一一座悬索桥，1870年竣工，直到今天，桥体保护得很好，而且基本保持了原有的风貌。其名字是取自殖民时期长官威廉姆斯·奥佛尔·加文纳爵士，桥的两头都有加文纳家族的盾徽。桥西南的拱座上有几只造型可爱的铜猫，品种属于古晋塔猫（Kuicnta），是新加坡特有的猫。

这座桥体是在格拉斯哥建造好，由货船运来新加坡的，耗时一年才对外使用。不过这座桥在河水涨潮时阻碍船只通过，本想在修建安德逊桥后拆除，但是最终加文纳桥免遭此劫，被改成了人行桥。今天继续为住在浮尔顿酒店的客人出行服务。

陈氏宗祠
（The Red Palace） **免费**

🏠 15 Magazine Road 🚇 地铁从莱佛士坊站（Raffles Place，EW14/NS26）或多美歌站（DhobyGhaut，NS24）下车

陈氏宗祠，又叫保赤宫，是座祖庙会堂，具有典型的中国南方寺庙建筑特色，建于1876年，是座历史久远的宫殿式建筑，刚建成时主殿供奉着代表闽南地区陈氏远祖的开漳圣王（陈元光将军）、大伯公及拿督公太子爷。

该建筑弧形的屋脊和飞檐翘角、精致的木雕与花岗岩柱，都展现了精湛的建筑工艺，凸显出浓厚的中国元素。这里原有的陈设都保护得很好，尤其是祭坛上面供奉的祖宗牌位都完好地传承了下来。

陈氏宗祠不仅只是供奉陈姓先祖，这里同样是陈、姚、虞、胡、袁、田、孙、陆姓的社区。这8个姓都是舜帝的后代，后人们希望舜帝的后代同心协力，相互扶持，知礼义廉耻。

市区重建陈列馆
（Urban Renewal Exhibition Hall） **免费**

🏠 45 Maxwell Road 🚇 地铁丹戎巴葛站（Tanjong Pagar）F出口

市区重建陈列馆一共有3层展厅，用视频、图片、模型、互动的形式直观地展现了新加坡城市发展的历程和城市全景，处处能显现出新加坡在国土利用上的以人为本，更能看到新加坡政府对原有自然文化的积极保护。

牛车水

殖民时期，莱佛士大致将新加坡河以南一带划分为华人居住和管理的区域，主要包括新加坡河以南、新桥路以东、塞西尔街以西和克塔艾尔路、麦斯威尔路以北的区域，这是新加坡开埠以来华人长期聚集居住、生活的地方。外人会称这里为"China Town"，但是当地的华人一直亲切地叫这里为"牛车水"。这个称呼，相传是因为早期华人移民使用牛车将水运到这里，再分发饮用，久而久之，"牛车水"的叫法在这里就约定俗成了。相比"China Town"的称呼，牛车水蕴含着太多早期华人移民生活的艰辛和不易，早期的华人移民，能在新加坡经商、买办的毕竟是少数，大部分还是做着苦工、劳工，牛车水是他们做片刻歇息、寄托思乡之情的栖身之地。来自不同省份的华人用吃苦耐劳、坚韧不拔的精神和勤奋、智慧，共同建造起牛车水这片家园。牛车水曾经是新加坡最繁华热闹的区域，牛车水和这里的华人为新加坡的发展做出了重要的贡献。至今，牛车水仍然保留了早先的面貌，走在百年老街上，人们可以了解那个时期的移民生活。

牛车水原貌馆
(China Town Heritage Centre)

🏠 48 Pagoda Street 🚇 地铁牛车水站（China Town）🕘 9:00-20:00 💰 成人 10 新元，儿童 6 新元 🌐 www.chinatownheritagecentre.sg

宝塔街上最重要的景点就是牛车水原貌馆。原貌馆是为了还原新加坡本地华人的移民生活、纪念那段艰辛的过往而修建的，利用了宝塔街上 3 间老店屋，就地还原了当时的历史样貌。每种面貌背后都有故事，每个故事都希望有人来聆听，毫不起眼的老店屋内讲述的故事，却足以让人心灵震撼，难以平静。

1 楼有一处模拟早期移民乘坐帆船漂洋过海、靠岸登陆的场景，场景后面有一幅官兵处决平民的照片。2 楼、3 楼用大量图片、文字和物品复原了当年移民登陆后的生活情境，展现了人们从生存到生活这一状态的演变。

佛牙寺龙华院
（Buddha Tooth Relic Temple and Museum）

免费

🏠 288, South Bridge Road 🚇 地铁牛车水站（China Town）下车，从"登婆街"直走至街尾，右拐再沿桥南律，经"宝塔街""硕莪街"就可以看见 🕐 7:00-19:00 🌐 www.btrts.org.sg

佛牙寺龙华院位于牛车水区域的中心位置，寺庙的设计出自法照法师，中国唐代的建筑风格结合佛教坛场，气势恢宏，庄严祥和，寺中供奉了佛教圣物——佛牙舍利，放置佛牙舍利的金塔是由信徒募款打造的，重达320千克。

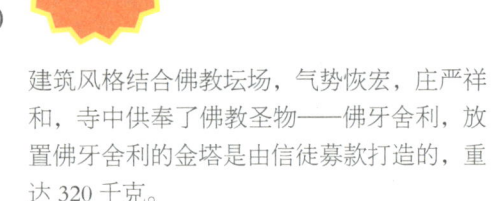

这座华人寺庙修建得十分宏大，大殿金碧辉煌，香火旺盛。从名字就可以知道，

TIPS

寺庙可免费进入，但不可以穿短裙和露背的衣服进入，门口有围布可以免费使用。寺庙每天 4:30 打板晨钟，5:00 准时晨课，7:00 准时开山门，9:00 诵《大般若经》，18:15 暮鼓，19:00 关山门。

这里供奉着一颗佛牙舍利子，这颗舍利子是 1980 年在缅甸一座坍塌的舍利塔中发现的。这座寺庙是后来修建成现在的规模的，让整个牛车水的华人文化完整了，同时也超度了曾经在牛车水一带死去的亡灵，因为寺庙的旁边就是曾经被叫作"死人街"的硕莪街，希望那些亡灵能去往极乐世界。佛牙寺中还有佛教文化馆、戒光堂，都是值得去的地方，如果幸运还可以赶上在这里定期举办的表演、佛教文化讲座等活动。

新加坡好好玩 · 滨海湾地区 · 行政区 · 历史文化区 · 新加坡河河畔 · 牛车水 · 武吉士 · 甘榜格南地区 · 小印度 · 加东地区 · 圣淘沙岛 · 樟宜村和乌敏岛 · 郊区 · 港湾地区

81

马里安曼兴都庙 免费
（Sri Mariamman Temple）

🏠 244 South Bridge Road 🚇 地铁牛车水站
（China Town）

位于宝塔街东端路口的就是印度教的马里安曼兴都庙。华人聚居区有印度寺庙，多少会让人诧异。其实早在这里被划定成华人聚居区前，已经有很多南印度的泰米尔人住在这里了，他们在 1827 年修建了这座寺庙，作为自己的信仰中心，将马里安曼女神

（Draupadi）供奉在这里，以祈求健康平安。其实在新加坡你会发现，在同一个区域有多座不同宗教的寺庙、教堂是非常平常的事情，这种风景也只有在新加坡才会看到。马里安曼兴都庙规模算比较大的印度寺庙了，门口塔楼上的神明雕塑是印度教中的诸神、动物，形象鲜活，色彩艳丽。印度人进入这里时，会毕恭毕敬地脱鞋，洗净双脚后进入，而且会严格遵守风俗，先摇铃以征得神的同意，然后虔诚地在神像前跪坐低语。庙里会有在制作佛像的老工匠，拍照前要先得到他的允许。这里信徒也非常多，会举行很多祭祀活动，还会举行教徒的婚礼，虽然身处华人聚居区，但是印度教徒的信仰也受到尊重。

马里安曼兴都庙是新加坡最古老的兴都庙，历史可以追溯到1827年，早年被叫作Mariamman Kovil 或 Kling Street Temple，是由来自印度南部纳加帕蒂南（Nagapatnam）与古德洛尔（Cuddalore）地区的移民修建的。这座兴都庙供奉着马里安曼女神，有治愈疾病的能力，寺庙建筑上面装饰着各种神兽雕像，神情逼真，色彩丰富。

在仅靠兴都庙的祭祀认定教徒婚姻的时代，这里是兴都教徒的婚姻注册处。现在寺庙依然祭祀不断，教徒众多。

TIPS

进入寺庙需要格外注意穿着，衣着要盖住手臂、腿，脱鞋进入，拍照要事先得到允许。每年的 10—11 月间，会举行声势浩大的蹈火节，这是兴都庙重要的节庆。如果这个时间去新加坡，一定要去看看这样的异域风俗节庆。

詹美清真寺
Jamae Mosque

免费

📍 218 South Bridge Road 🚇 地铁牛车水站（China Town） 🌐 www.mosque.org.sg

在马里安曼兴都庙的北侧不远，有座淡绿色的清真寺——詹美清真寺，是来自南印度泰米尔的印度伊斯兰教教徒修建的，时间比旁边的马里安曼兴都庙还要早一年，建于1826年，是新加坡最早的3座清真寺之一。新加坡的各个宗教信仰中心作为景点都向游人开放，这是一个了解不同信仰的机会。不过参观宗教中心的前提是尊重他们的信仰，不对教徒造成困扰。

这座清真寺是Chulias人在新加坡建造的，Chulias人是来自印度科罗曼代尔海岸的泰米尔伊斯兰教徒。这座寺庙建筑最特别的地方在于，大门的入口是典型的印度风格，但是祈祷大厅和神殿的设计却是由殖民时期著名的建筑大师按照新古典风格建造的。建筑小巧精致，颜色清新，是牛车水华人聚居区的一处别样风景。

TIPS
穿着不能露手臂、腿，注意不要进入祈祷大堂，祈祷大堂和神殿只供信徒祈祷使用。

天福宫
（Thian Hock Keng Temple）

免费

🏠 158 Telok Ayer Street 🚇 地铁莱佛士坊站（Raffles Place） 🕐 7:00-18:00 🌐 www.thianhockkeng.com.sg

　　天福宫供奉着妈祖，是早期中国福建移民兴修的。妈祖是海之女神，1821年许多从事海上劳作和贸易的海员修建了这座庙宇，以感谢妈祖的保佑。天福宫的建筑风格完全是中国闽南特色，技术极其精湛，丝毫不逊于中国其他名刹古寺，而且里面供奉的妈祖像也是当时的华人移民从福建请过去的，早期是福建移民的精神中心，后来这里也供奉释迦牟尼、孔子、观世音、弥勒佛，从早期福建移民的精神中心，扩大成为所有华人的精神中心。

　　除了建筑上的中国元素，寺庙供奉的神像是1840年移民们从中国带过去的，寺庙中还有块匾额，是清光绪帝1907年赠予的。因为这样，这座天福宫显得与中国渊源相连，而且在新加坡也颇具地位。

摩士街
（Mosque Street）

免费

🏠 Mosque Street 🚇 地铁牛车水站（China Town） 🕐 10:00-22:00

　　摩士街的"摩士"是清真寺的意思。早在1826年，印度泰米尔伊斯兰教徒就在这条街上修建了清真寺，后来泰米尔人逐渐搬离这里，陆续来到这里的是以买卖纸皮、废铁为主的客家人。现在这里道路宽阔，两旁楼房整齐漂亮，有很多连锁旅店和手信商品店。摩士街向南就是宝塔街，这也是现在牛车水最主要的一条街。

宝塔街
（Pagoda Street）

免费

🏠 Pagoda Street 🚇 地铁牛车水站（China Town） 🕙 10:00-22:00

牛车水有3条街道比较重要，宝塔街是其中之一，因为街口的马里安曼兴都庙而得名，因为寺庙内的塔高高耸立，站在街上很明显就可以看到，所以被叫作宝塔街。不过因为当时这里有间广合源号猪仔馆，故早期华人也叫这里广合源街。现在这条街上汇集了众多传统中国风味餐厅，集中了各式各样的商品店铺，包括服装饰品、玩偶挂件，以及富有中国特色的筷子、挂件、背包、字画，不过也有印度风格的服饰店铺，是来牛车水必到的一条街。

直落亚逸街
（Telok Ayer Street）

免费

🏠 Telok Ayer Street　🚇 地铁莱佛士坊站（Raffles Place）　🕐 10:00-22:00

　　马来语中"Telok Ayer"是水湾的意思，在大量移民登陆前，这里住着马来人，以捕鱼为生的马来人就住在海上的高脚屋——奎笼里。现在这里已经远离海湾了，是高楼林立的中央商业区，不过整条直落亚逸街被很好地保留了下来。

　　莱佛士登陆后，把直落亚逸街划定为华人居住区，所以整条街的中国味道很浓，各种会馆、传统商铺、庙宇都在这条街上，天福宫就在这条街上。曾经这条热闹非凡的街上遍布戏台子、街头小贩、替人写信读信的书摊、商号。曾经的繁华早已没入历史的长河，如今这条街安详地坐落在繁华的现代城市金融中心旁。

福德祠
（Fuk Tak Chi Museum）

免费

🏠 Far East Square 76 Telok Ayer Street #01-01 🚇 地铁丹戎八葛站（Tanjong Pagar） 🕙 10:00-22:00 🌐 www.fareastsquare.com.sg

　　福德祠又被叫作望海大伯公庙，有200多年的历史，是新加坡最古老的庙宇之一，是最早在直落亚逸街附近定居的福建和广东移民修建的，成了当时的华人信仰中心。寺庙具有明清时期的建筑风格，面积不大，在周围现代化的街区上格外显眼。现在这座寺庙也是一座博物馆，里面珍藏着很多早期华人刚刚定居时的遗物，是探寻早期华人移民历史的重要景点。

丹戎巴葛保留区 免费
（Tanjong Pagar Conservation Area）

🏠 Neil Road、Tanjong Pagar Road、Maxwell Road 🚇 地铁丹戎巴葛站（Tanjong Pagar）F 出口 🕙 10:00-22:00

　　这里之前是货物进出港口的主要通道，有大量的商铺，这片保留区保留了当时的大量建筑物。作为当年移民进行海上贸易的基本营生，如今在这一区域里还能找到很多中药铺、茶铺、生活用品店铺，也聚集着现在有特色的店铺和餐厅。

纳哥得卡殿 免费
（Nagore Durgha Shrine）

🏠 140 Telok Ayer Street 🚇 地铁莱佛士坊站（Raffles Place）

　　这是坐落在直落亚逸街上的一座清真寺，是1820年印度穆斯林移民为纪念到访的印度教圣人建造的。早先直落亚逸是海湾，不光是华人指定的居住区，也汇聚了世界各国的航海者，所以这里是各种文化碰撞融合后的产物。寺庙建筑看起来很有艺术价值，在印度传统风格中融入欧洲新古典主义风格。

史密斯街 免费
（Smith Street）

🏠 Smith Street 🚇 地铁牛车水站（China Town）A 出口 🕐 12:00-23:00

史密斯街的英文是铁匠的意思，这里曾经是铁匠和商人的集中地，早年间这一带也是妓院集中的地方。早先史密斯街也被叫作戏院街，因为这里原来有家十分著名的戏院——梨春园，并逐渐聚集起小吃的摊位。在后来新加坡政府改造牛车水时，延续了街道原有的历史风味，今天这里演变成了传统美食小吃街，街两旁遍布小吃摊位和店铺。从下午开始这里就会变得热闹非凡，人流拥挤，而且热闹的氛围会一直延续到午夜。

硕莪街 免费
Sago Street

🏠 Sago Street 🚇 地铁牛车水站（China Town）A 出口 🕐 10:00-22:00

硕莪街是牛车水区域的重要街道，道路两旁是充满浓浓中国味道的店铺，经营传统礼品、传统食品、工艺古玩、草药，地道的中式牌匾林立，接连不断，令人完全以为置身于中国城市中的某一条古街道上。

这条街名字的由来，是根据过去这条街两旁聚集了 17 家制作 Sago 的工厂，Sago 是做西米露的西米。现在这条街上有很多传统中式点心店铺，商品有酥皮蛋挞、绿豆饼、红豆饼等，都会引来当地人排队购买。

丁加奴街 免费
（Trengganu Street）

🏠 Trengganu Street 🚇 地铁牛车水站（China Town） 🕙 10:00-22:00

这条街上中国传统服饰、工艺品比较多，有女款旗袍、男款马褂，还有布料，显得非常传统地道。这里的美食也非常丰富，而且价格便宜。

客纳街 免费
（Club Street）

🏠 Club Street 🚇 地铁牛车水站（China Town） 🕙 14:00-23:00

根据名字就知道这里汇聚了各种酒吧、俱乐部。白天街道两旁是安静的传统南洋店屋，每家店屋颜色不同，设计风格不同，装饰细节也各不相同，但是干净整洁，让街道两侧浑然一体，非常漂亮，光是看每家店屋的装饰细节就非常有味道。从傍晚开始，酒吧、俱乐部、咖啡店陆续开始营业，人也越来越多，可以和朋友一起，坐在优雅的吧台边，听着动人的音乐，品着美酒聊天谈心。

卫理公会礼拜堂
（Methodist Church）

免费

🏠 235 Telok Ayer Street 🚇 地铁丹戎巴葛站（Tanjong Pagar）

　　现在这座礼拜堂的建筑建造于1924年，已经是新加坡的国家古迹建筑了，在古罗马式的风格中又能找到中国建筑的风味。不过新加坡的卫理公会礼拜堂在1889年就成立了，英国和美国的传教士通过卫理公会礼拜堂最先在牛车水区域甚至整个新加坡进行传教，所以卫理公会礼拜堂对今天的新加坡卫理公会的传播发展有着重要的奠基作用。这里直到今天仍是教徒们礼拜的场所。

黄包车总站旧址
（Jinricksha Station）

免费

🏠 1 Neil Road 🚇 地铁丹戎巴葛站（Tanjong Pagar）

这栋英式传统建筑建于1903年，是殖民时期为了设立黄包车站而建的。18世纪80年代，人力黄包车从日本经上海传到新加坡，开始成为流行的交通工具。在最鼎盛时期，曾经有两万多名车夫，带动了周围的繁华。第二次世界大战后汽车逐渐普及起来，人力黄包车开始慢慢退出人们的生活。为了纪念曾经的历史，政府将建筑保留了下来。改造修建后，这里成了酒吧餐饮中心，周围还是可以让人们很容易地找到历史的印记。

红点设计博物馆
（Red Dot Design Museum）

🏠 Red Dot Traffic Building 28 Maxwell Road #02-15 🚇 地铁丹戎巴葛站（Tanjong Pagar） 🕐 周一、周二、周五 11:00-18:00，周六、周日 11:00-20:00 💰 成人 8 新元，学生 4 新元，老人 4 新元 🌐 www.red-dot.sg

新加坡红点设计博物馆，是世界上第二家红点设计博物馆，另一家是德国红点设计博物馆，展示了所有红点奖获奖作品。

红点奖（Red Dot Award）是源自德国的一项创意设计大奖，最初只是德国自己的奖项，后来逐渐成为世界性的工业设计创意大奖。红点是杰出设计质量的标志，许许多多的工业设计师和团队都以能够获得这个奖项为最高荣誉，有着"设计界的奥斯卡"之称。而新加坡的红点博物馆展出了所有红点获奖作品，馆内会不定期更换展览主题，陈列不同作品。很多作品会让你错愕地发现，原本生活中常见的物品，竟然在巧妙设计后成为人性化的创意作品,许多生活中的细节,经过改进,竟然可以成为创意十足的发明,非常有趣。展馆中的各种多媒体和书籍资料,可以让这些创意构思原理延伸,很适合设计工作者学习或者寻找灵感。

博物馆坐落在红点交通大厦内,这栋建筑曾经是新加坡交通警局总部,有着明显的殖民时期西方建筑风格。因为有了设计博物馆,如今这里已经成为了广告公司、创意工作室的大本营,艺术气息浓厚,也是因为氛围的轻松舒适,这里的咖啡厅等休闲场所也是人们放松舒缓压力的好地方。

这里不定期会有艺术家和设计师市集,如果感兴趣的话一定要来这里的 MAAD 市集走走。MAAD 是新加坡唯一的原创作品的周末市集,摊位上的作品都是经过这里的艺术家、产品设计师组织挑选出的原创、有趣的作品,除此之外还有丰富的街头艺术活动,非常值得一去。市集开放时间是每月第一个周末的 11:00–18:00。

武吉士·
甘榜格南地区

新加坡的甘榜格南地区是穆斯林聚居的地区，新加坡的穆斯林主要是由马来西亚、巴基斯坦的伊斯兰教教徒以及少数阿拉伯、印度、中国穆斯林组成的。

伊斯兰教起源于7世纪的阿拉伯半岛，信奉真主安拉，而穆罕默德是伊斯兰教的传播者。伊斯兰教是在13世纪前后传入马来半岛的，到15世纪末，大量马来人开始信奉伊斯兰教，而在15世纪前，马来半岛的人大多信仰印度教和佛教。现在，从人数上来说，伊斯兰教是世界第二大宗教，而南亚地区的穆斯林占到了世界穆斯林总人数的30%。现在甘榜格南有着新加坡最大的清真寺，有完好的马来文化保护中心，还有多姿多彩的阿拉伯商业街，更有别具趣味的阿拉伯风情酒吧街。甘榜格南地区是比较成熟的旅游商业区域，如果想多看看马来人的普通生活，可以到芽笼士乃的马来人居住区看看，那里也是殖民时期就被划为马来族居住区的，早已沉淀下马来人的传统和习俗，与相邻的加东、如切土生华人聚居区一样，有着浓厚的日常生活气息。尤其是想要尝尝马来美食的人，可以直接到芽笼士乃的巴刹。乘搭地铁至巴耶利巴站(Paya Lebar)，然后沿Sims Ave路走到芽笼士乃路(Geylang Serai Road)，就可以看到深红色的两层开放式建筑，那就是新建的马来巴刹，一层是马来传统日用品、香料、服装、菜市场，二层是餐饮店铺。

马来传统文化馆
（Malay Heritage Centre）

🏠 85 Sultan Gate 🚇 地铁武吉氏站（Bugis）
🕐 周一 13:00-18:00，周二至周日 10:00-18:00 💰 成人 4 新元，老人、儿童 3 新元
🌐 www.malayheritage.org.sg

马来传统文化馆建造于 1842 年，是一幢位于一片花园中间的两层别墅，也是曾经的柔佛苏丹的豪宅，皇族的光环让这里有着一种尊贵感。这里非常寂静，环境宜人，进入馆内需要换拖鞋，里面非常干净，光脚走在木质地板上非常舒服，还有小型电影放映厅，可以坐下稍稍休息，了解一下新加坡早期的马来电影。

馆内展现了马来苏丹统治时期新加坡的历史风貌和 19 世纪以来马来民族的历史文化，从马来人的生活风俗、音乐艺术、经商贸易等方面模拟了历史场景，用资料图片和多媒体影音重现了新加坡马来文化昔日的辉煌成就，让人领略到平时很少能了解到的马来文化和民族的特性。

苏丹清真寺
（Sultan Mosque）

免费

🏠 3 Muscat Street　🚇 地铁武吉氏站（Bugis）

　　苏丹清真寺是甘榜格南最重要的标志，是1824年新加坡苏丹在东印度公司的赞助之下修建的。1819年，莱佛士把甘榜格南地区划分为马来人和穆斯林的居住地，并允许当时的苏丹在这里居住，每年给他津贴，这位苏丹在这里修建了自己的住所。随着马来人的聚集，他在英国东印度公司的赞助下，修建了清真寺。

　　清真寺拥有宏伟的金色穹顶和宽敞的祈祷堂，是新加坡最壮观的宗教建筑之一。这里的祈祷堂能容纳5 000名教徒同时礼拜，是新加坡伊斯兰教教徒们的信仰中心，地位非常重要。建筑外观恢宏大气，带有穆斯林式的庄重。进入殿堂后，祈祷堂的肃穆，教徒礼拜的虔诚，让人顿时心生敬畏。

苏丹清真寺带来的是严肃的感受。新加坡的宗教建筑中，苏丹清真寺是规模最大的，主体大殿棱角分明，屋顶是层次错综的尖顶造型，塔尖都高高昂起，奋力向上，最大的穹顶塔尖托举着星月标志直刺天空，非常有威严之感。这座清真寺，就是利用莱佛士给马来苏丹和皇族津贴的一部分，于1824年建造的，由当时殖民地的一位欧洲设计师主持建造。

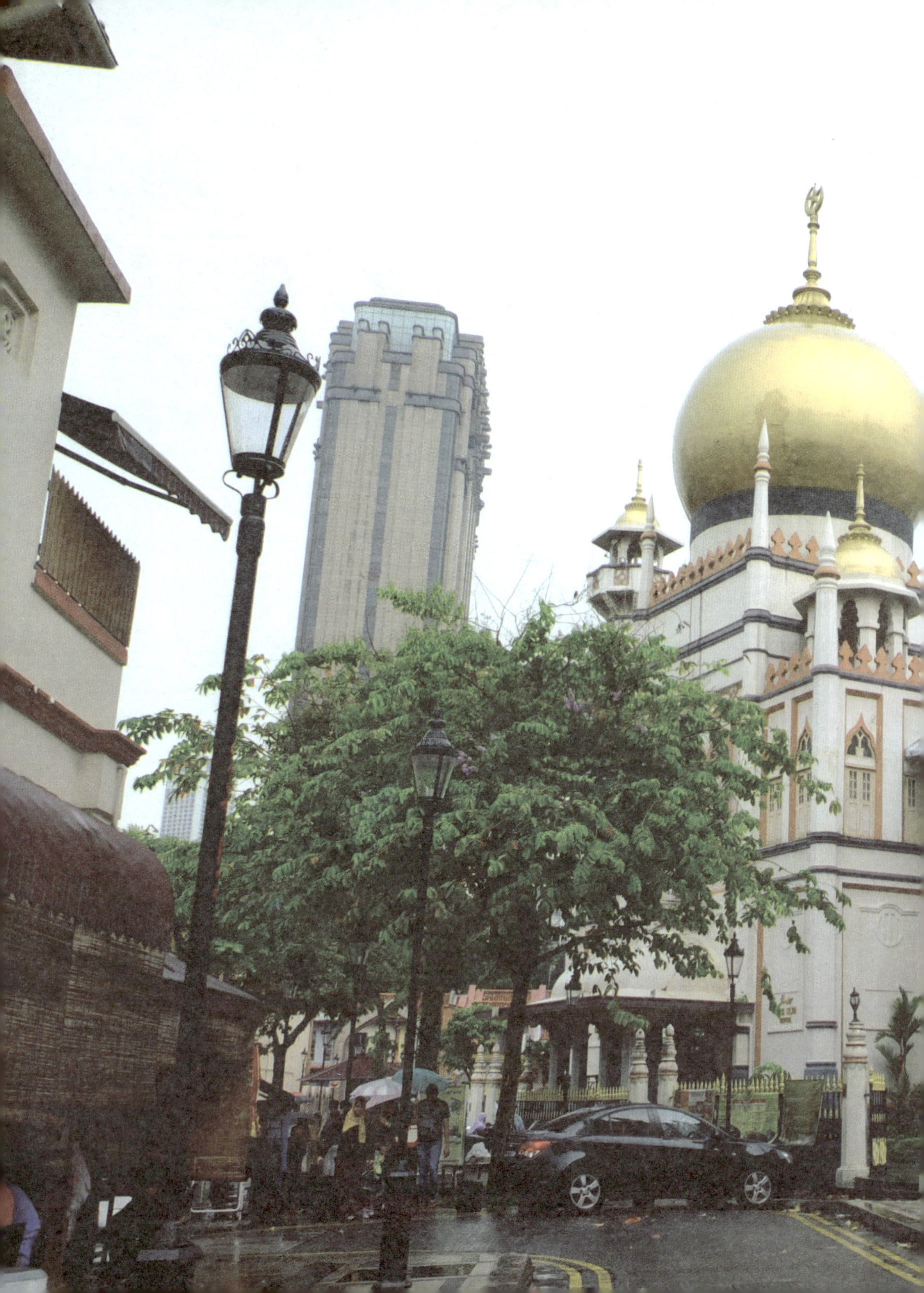

KELUARGA UNIK,
KELUARGA SAKINAH
RAMADAN
RAMADAN FOODFEST 2013 / 1434H
STALLS AVAILABLE FOR RENT

克里斯南兴都庙 免费
(Sri Krishnan Temple)

🏠 152 Waterloo Street 🚇 地铁武吉氏站（Bugis） ⏰ 9:00-18:00

这座印度教寺庙已经有130多年的历史了，里面有千变万化的印度教人物雕像，颜色也丰富多彩，是新加坡印度人的信仰中心。但是有别于其他印度教寺庙的地方是，克里斯南兴都庙的门口摆有香炉，是可以上香的，前来上香的不光有印度人，还有许多华人，这是非常让人奇怪的事情，因为印度教徒是不点香的。相距不到50米，就是华人的观音堂，香火旺盛，很多华人本着有佛必拜的心理，也会前往克里斯南兴都庙进香，久而久之，于是这里索性摆上香炉，供华人拜佛。两座不同的信仰中心相邻而建且又如此和谐，也是只有在新加坡才能看到的景象。

哈芝巷
(Haji Lane)

免费

🏠 Haji Lane 🚇 地铁武吉氏站（Bugis）
🕙 10:00-23:00

哈芝巷是新加坡最古老的街道之一，处在穆斯林居民区，街道不宽，很早之前这里是用作仓库的老房子，保留着殖民时期的建筑风格。这里很多店铺都是本地设计师经营或者与他们有关联的，慢慢游走于此，你会发现这里也藏着一些历史久远的特色小店和精品服饰店，有大师级的作品，也有仅此一件的本地设计师作品，引领个性潮流，有一大批追求个性时尚的拥趸。所以这里成了富有时尚气息的商业街，喜欢潮流个性的人会很喜欢这里。其实这里的街巷最大的魅力，就是可以找到自己喜欢而又独一无二的东西，

103

或者服饰，或者首饰，或者装饰品，这足以让购物的乐趣在心里发酵很久。所以大可不必像朝圣般寻找店铺，在游走间，你可以找到更多的乐趣。

走在巷子中，可以细细欣赏每家店铺十分精致又极具巧思创意的装饰风格。伊斯兰风情融入欧洲现代艺术风格，魅力十足，加上这里墙壁上偶尔出现的涂鸦，狂野、多彩、丰富。两边原本历史久远的古朴老店屋被赋予了新的活力，这种活力极具吸引力，吸引着大量年轻人前来挖掘宝物。

这里还有阿拉伯风格的酒吧区，因为穆斯林是不可以触碰酒精的，所以这里的酒吧街有一道最具特色的风景——水烟，几乎每家店铺里都有水烟,有的还是专门的水烟馆。吸水烟是阿拉伯男子特有的日常休闲,你会看到阿拉伯老人坐在街边悠闲地吐着烟圈,现在却也成了这里年轻人另类的夜生活。晚上这里会聚集很多客人,坐在灯光昏暗的街边,吸着水果味道的水烟聊天放松,还有阿拉伯风格的乐队演奏着节拍简单的阿拉伯音乐。

白天的优美时尚,晚上的美食水烟,让这里成为甘榜格南的美丽风景线。这里有家专门卖复古服饰的店铺 Vintage Shop,里面有不少大师级的作品,非常适合淘宝购物。

亚拉街
(Arab Street)

免费

🏠 Arab Street 🚇 地铁武吉氏站（Bugis）
🕙 10:00-22:00

由于亚拉街有着浓郁的阿拉伯风情，这条街被直接译成了阿拉伯街，成为新加坡最具特色的街道之一。亚拉街比周围的街道更宽敞，两旁建筑也更大气华美，因为殖民时期，甘榜格南被划为马来人及穆斯林居住区后，马来的苏丹贵族就都聚居在这里。

现在整条街道的穆斯林风情十分浓厚，两旁众多的布店，售卖各种丝绸、染布等适合制作穆斯林女性长袍或者娘惹服饰的布料，种类繁多，色彩艳丽，让人眼花缭乱。很多布料不光可以制作传统马来女性服饰，拿来做我们日常穿着的衣裤、裙子也非常美丽，时尚的样式中夹杂着异域风情的图案纹理，会更加显得富有韵味。

购买各种丝绸、蜡染、饰带、蕾丝硬纱等特色布材的主要顾客是马来女性，她们几乎每天都在穿传统的长袍服饰。还有娘惹，量身定做娘惹服装，大概就像我们定做旗袍一样，而且店家就提供定制裁缝服务。这里的布料颜色有亮丽色系，也有沉稳暗色系，布的纹路图案也都带有低调的民族风味，如果对裁剪有兴趣，可以在这里选一些漂亮的布料，做成自己想要的衣服，现代的款式混合着异域元素，会非常漂亮。

除了布品，这里还有很多具有阿拉伯风情的商品，如阿拉伯风格的首饰、灯饰、地毯、古董、马来的生活用品、藤制品、家饰等。街的尾端有一家饰品店，里面的饰品设计夸张大胆、个性鲜明，又混合着浓厚的阿拉伯和印度风情。女主人的摆放展示，让人一进店里就已经眼花缭乱了。这里的款式有些是独一无二的，因为是女主人自己设计的。

十分值得注意的是街上有很多阿拉伯香水店，伊斯兰教义中严格禁止教徒接触酒精，所以这里的阿拉伯香水是不含酒精的，用自然花木和精油调配而成，在别的地方是买不到的。

巴索拉街
(Bussorah Street) 免费

🏠 Bussorah Street 🚇 地铁武吉氏站（Bugis）
🕐 10:00-22:00

巴索拉街比亚拉街显得更雅致一些，街道休闲风情浓厚，现代的餐饮店、酒吧、精品服饰店、藤质手工艺品店、伊斯兰风格饰物店等非常丰富，是一条综合性的旅游商业街。很多伊斯兰风情或者娘惹风情的饰物都是标榜原创和纯手工制作，不管是从制作工艺还是样式风格上都极具魅力，很值得淘宝。

这里有出租自行车的店铺，可以租辆自行车在这里逛一逛，但是这里小店风格各有特色，非常适合仔细进店看看，而且这一区

域范围并不大，所以慢慢步行游走比较适合。街上有间专门卖娘惹文化商品的老店"小店屋"，老板是一对土生华人老夫妇，店里面都是土生华人传统生活用品，有各种器皿、首饰、娘惹服装配件。他们坚持经营店铺，实际是在弘扬娘惹文化。店内最有特色的商品就是娘惹的珠串鞋，以手工将不同颜色的小小琉璃珠一颗一颗串起来组合成不同的图案。店内有传承者现场制作，特别难得，不过一双珠串鞋价格不菲，想要随意买来纪念还是不那么容易的。

峇里巷
（Bali Lane）

免费

🏠 Bali Lane　🚇 地铁武吉氏站（Bugis）

短小的巷子里，店屋遍布涂鸦，让这条巷子显得格外活跃。这里是夜生活的热闹中心，从傍晚开始，街边开始摆满餐桌餐椅，加上茂盛的大树，让这里格外有情调。这里有各国风味的餐厅，尤其是能找到特色的穆斯林美食。

夜幕中、大树下、灯光里，餐厅飘出的音乐声伴随着阿拉伯水烟的烟雾，食客们游离在这样闲散的画面中，是这里最具特色的夜生活画面。

相比夜晚的热闹，清晨的景象也十分有趣，如果晚上没有时间在这里闲逛，早上可以看到另一番景象。老店屋在路边茂密的树荫下笼罩着淡淡的阴影，店门口收放的桌椅安静地躺在门口，明显透露出前一晚热闹的景象。住在这里的老人从楼上的窗口凝望街边景色，这片安静祥和的巷子，谁能想到夜晚会热闹非凡。

马海阿布犹太教堂 免费
（Maghain Aboth Synagogue）

🏠 24 Waterloo Street 🚇 地铁百胜站（Bras Basah）

马海阿布犹太教堂是在新加坡的犹太人的信仰中心，建造于1878年，在犹太传统风格中又有维多利亚时代新古典主义风格，是东南亚地区历史久远的犹太教堂。新加坡就是这样一个多元的国度，来自不同国家的移民都极度认真地对待自己民族的传统和信仰。同样，这里作为犹太人的信仰中心，记载了早期犹太人在新加坡的一切，你能从这里了解到早期犹太人在这里的生活情境。这里经常有犹太教徒的庆典和集会活动，偶尔会有允许游客参观的部分，可以让游客更深入地了解犹太人如今在新加坡的生活状态和犹太教的信仰。

观音堂佛祖庙
(Kuan Yin Thong Hood Cho Temple) 免费

🏠 178 Waterloo Street 🚇 地铁武吉氏站（Bugis） 🕐 7:00-18:00，农历初一、十五 5:00-18:45

观音堂佛祖庙在新加坡的小坡四马路178号。1884年，佛教南山上人曾经在这里弘扬佛法，1885年由本地华人捐献土地兴修寺庙，现在的规模是20世纪80年代扩建的，用了4年的时间才完成。寺庙是精美宏伟的中国传统佛教建筑，供奉着十八手观音，每10年会有一次镀金庆典。

这座观音堂香火非常旺盛，门口聚集着很多卖花卖香的小商贩，殿堂里面大气庄严、金碧辉煌。按照华人的风俗，每逢节日或者发生大小事，都会来这里上香祈福、求签许愿，以求指点迷津。

TIPS

每年农历正月二十六，观音开金库，善男信女都会赶来借红包，意思是讨财运，以求一年财运好。每年农历六月十九是观音的诞辰日，这座寺庙香客会异常的多，而且每月的初一、十五是许愿、还愿的日子，也是香客们赶来上香的日子。

武吉士村
（Bugis Village）

免费

🏠 151 Rochor Road　🚇 地铁武吉氏站（Bugis）　🕙 10:00-23:00

这里的传统商场类似北京西单的明珠广场，店铺货品包括服装、鞋帽、配饰等，种类繁多，做工一般，但是大多都是韩国、日本、中国台湾等国家和地区的流行款式，加上价格便宜，很多年轻人喜欢在这里逛街购物，买东西可以试着杀价。

不过在20世纪70年代，这条街以灯红酒绿的酒吧和女招待而出名，那时候各国的海员到新加坡都会来这里寻欢，后来新加坡政府曾经宣布这条街为不受欢迎的街，直到1991年改造，才逐渐成为今天热闹的购物街区。这里的店铺摊位大多不能刷卡，只接受现金，所以来这里购物逛街要准备好现金。

小印度

新加坡河以北的实龙岗路一带是印度人的聚居区，因此也被称为小印度，这里是新加坡风景最独特的区域。印度人天性乐观，善歌善舞，喜欢艳丽的色彩，这里自然被营造成一派地道的印度风情。置身小印度，你会感受到印度庙宇里教徒祭拜的虔诚，可以看到身着艳丽纱丽的印度女性从你身边飘过，各种香料的气味弥漫在街道上，各种店铺、摊位生意兴隆，格外热闹。在整个小印度，传统的印度生活气息十分浓厚。这里的传统市场中，吃的、用的、玩的一应俱全，大多数都是从印度直接运过来的，不光做着到这里的游客生意，在这里生活的印度人也会来这里购买日常需要的生活用品、服装服饰、装饰用品等，所以在新加坡生活的印度人都会把这里当作第二故乡，就连许多欧美游客都喜欢来这里逛街购物，可以搜罗到许多地道的印度物品，在新加坡就可以感受到印度的万种风情。

维拉玛卡里雅曼兴都庙

免费

（Sri Veeramakaliamman Temple）

📍 141 Serangoon Road 🚇 地铁小印度站（Little India） 🕐 12:00-16:00

　　维拉玛卡里雅曼兴都庙是新加坡最古老的印度庙宇之一，建于1855年，是由早期从南印度来新加坡务工的印度人修建的。这是典型的南印度风格寺庙建筑，庙门上方就是一座塔形雕塑群，各种神像姿态夸张，表情丰富，颜色鲜艳，给人一种震慑力。这座寺庙内供奉的是印度教中掌管生死大权的神，主神是迦梨女神（Kali），就是大厅中间神龛里供奉的神像，寺庙大厅墙壁雕塑群的中心位置也是迦梨女神，左右两边站的是她的儿子Ganesha和Murugan。大殿周围还有很多的神像、圣牛，大都是会惩治恶魔的神，

他们一起维护着世间的安定。在印度教里，迦梨女神是湿婆之妻，是主司杀戮与破坏的邪恶之神，她的存在对于早期印度移民来说，带来的是一种身处异乡的安全感。

这里的信徒非常多，而且虔诚无比。遵照印度教徒的风俗，需要脱鞋进入寺庙，进门前先摇门口的铃铛，以请求神明允许进入。一踏进寺庙内部，香薰的香气扑面而来，里面烟雾缭绕，屋顶周围各式面目狰狞的雕像显得阴郁可怖。与周围陈旧的墙壁形成最明显对比的是大厅中间的神龛，灯光明亮，鲜花簇拥，用栏杆围了起来，信徒们在栏杆外面拜祭，供奉信物，光着上身的祭司在里面将信徒的信物摆放在神像上，然后从神龛前取来圣水依次洒向信徒，再把神龛前供奉的鲜花和水果分发给拜祭的信徒。围绕中间的神龛，摆放着很多其他神像，信徒们会依次拜祭，完成拜祭之后，有的人会在饮食区领一份寺庙的饭，盘坐在地面上静静地享用。

TIPS

进入印度寺庙要非常注意印度人的信仰，衣服不要露肩、背，不穿短裤、短裙，进入寺庙要脱鞋。门口有工作人员，拍照要事先得到允许，也可以咨询感兴趣的问题，但不要打扰到教徒们的仪式。

斯里尼瓦沙柏鲁马兴都庙
（Sri Srinivasa Perumal Temple）

免费

🏠 397 Serangoon Road　🚇 地铁小印度站（Little India）

　　斯里尼瓦沙柏鲁马兴都庙也是南印度寺庙建筑风格，门上的塔楼也高耸着鲜艳的神像雕塑，要比前面提到的维拉玛卡里雅曼兴都庙规模大，也宽敞明亮许多，而且信徒祭拜的风貌也有些许差异。

　　这座大型的印度寺庙建于1855年，供奉着毗湿奴，门楼塔楼上的各种雕塑显示的是毗湿奴的各种化身。在印度教中，毗湿奴是地位最高的神，与神妃吉祥天住在最高天，毗湿奴神掌握宇宙之权，经常化身为各种形象拯救信徒，他下凡的故事在印度广为流传。

　　殿内宽敞明亮，屋顶莲花壁画雕塑精致漂亮，周围也没有像维拉玛卡里雅曼兴都庙那样放满了神像，所以氛围轻松了些。有很

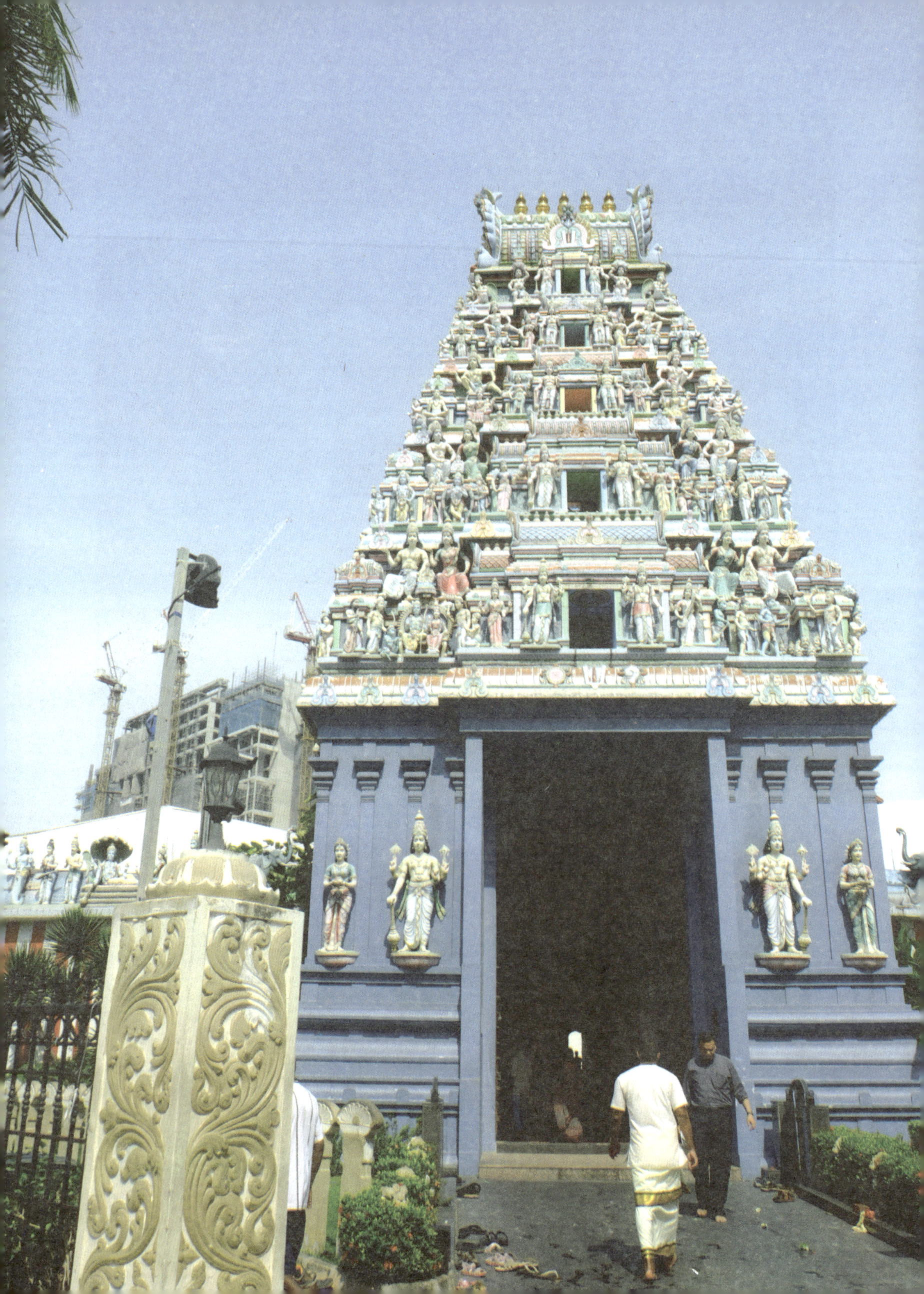

多教徒盘坐在地上，默默低语并凝望着中央神龛，表情专注，丝毫不受周围事物的打扰。举行仪式时，信徒们静静围坐在神龛前，等待祭司拉开幕布后，纷纷送上信物、花环，祭司会把这些物品、花环放到神像身上。等到祭司分发神赐予的福物时，信徒们会争先恐后地伸手领取。

寺庙内的壁画被保护得相当完好，色泽鲜艳，图案生动，这也是这座寺庙有重要地位的原因之一。

每年的大宝森节（Thaipusam）庆典活动中，斯里尼瓦沙柏鲁马兴都庙是印度教信徒游行的起点，经过实龙岗路，一路走到坦克路的丹达乌他帕尼兴都庙，以感谢或祈求穆卢干。

大宝森节是新加坡印度裔群体的精神核心，是信徒们祈福、感恩、还愿的年度盛会，也是在纪念赋予了印度人美德、青春与力量的苏布拉马亚神（Lord Subrahmanya）。

TIPS

大宝森节在泰米尔历的第十个月（也称为 Thai 月）的满月日，大概在公历每年的 1 月中旬，游行活动十分震撼。

实龙岗路
（Serangoon Road）

免费

🏠 Serangoon Road 🚇 地铁小印度站（Little India） 🕐 10:00–21:00

这条路是小印度最热闹的一条主街，整条街上遍布印度餐厅及印度服饰、金饰店，小印度的主要游览景点也基本都在这条街上。

如果不想在竹脚巴刹搜罗小吃，也可以在实龙岗路上找印度餐厅品尝大餐。新加坡的印度菜式包括南印度菜和北印度菜，简单来说，南印度菜用椰汁调和各种香料，北印度菜多用酸奶调制，一般是将咖喱菜、泡菜、酱、面包或者米饭放在香蕉叶上拌在一起吃，主食除了米饭之外，还有煎饼，煎饼种类很多，可以蘸咖喱或者糖吃。在新加坡最著名的印度菜式要算咖喱鱼头，不过咖喱鱼头并不是传统的印度菜，而是印度人把自己的饮食习惯结合新加坡当地华人的口味创新的菜式，不过非常受欢迎，在小印度也是一定要品尝的。还有一间 Mubarak 拉茶店，在 Clive Street 与 Campbell Lane 交会处附近，是一种用塑料袋子装起来的拉茶，香浓好喝。

街上走着的身穿传统纱丽的印度女性婀娜多姿，精心梳理的头发，搭配各种饰物，成为这里美丽的风景线。印度纱丽的颜色搭配亮丽明艳，而且不乏烦琐华贵的款式设计，让人很想买一套做纪念。

这条街上有非常多的金饰店，走几步就会看到一家大的金饰店，这是因为印度人喜欢金饰，认为黄金是财富女神 Lakshmi 的化身，佩戴金饰会得到庇佑，但不会佩戴在脚上，所以有如此多的金饰店也就不奇怪了。这里制作传统金饰的工匠也很受尊敬，因为要有一定的技术和水准才能胜任这项工作。

TIPS

这条路上的 Anada Bhavan 餐厅是新加坡最古老的印度素食餐厅，最受欢迎的传统吃法是 Thosai 或者 Appom 饼蘸上传统蘸酱，大口吃下去。来到这里一定要尝一下地道的印度风味。

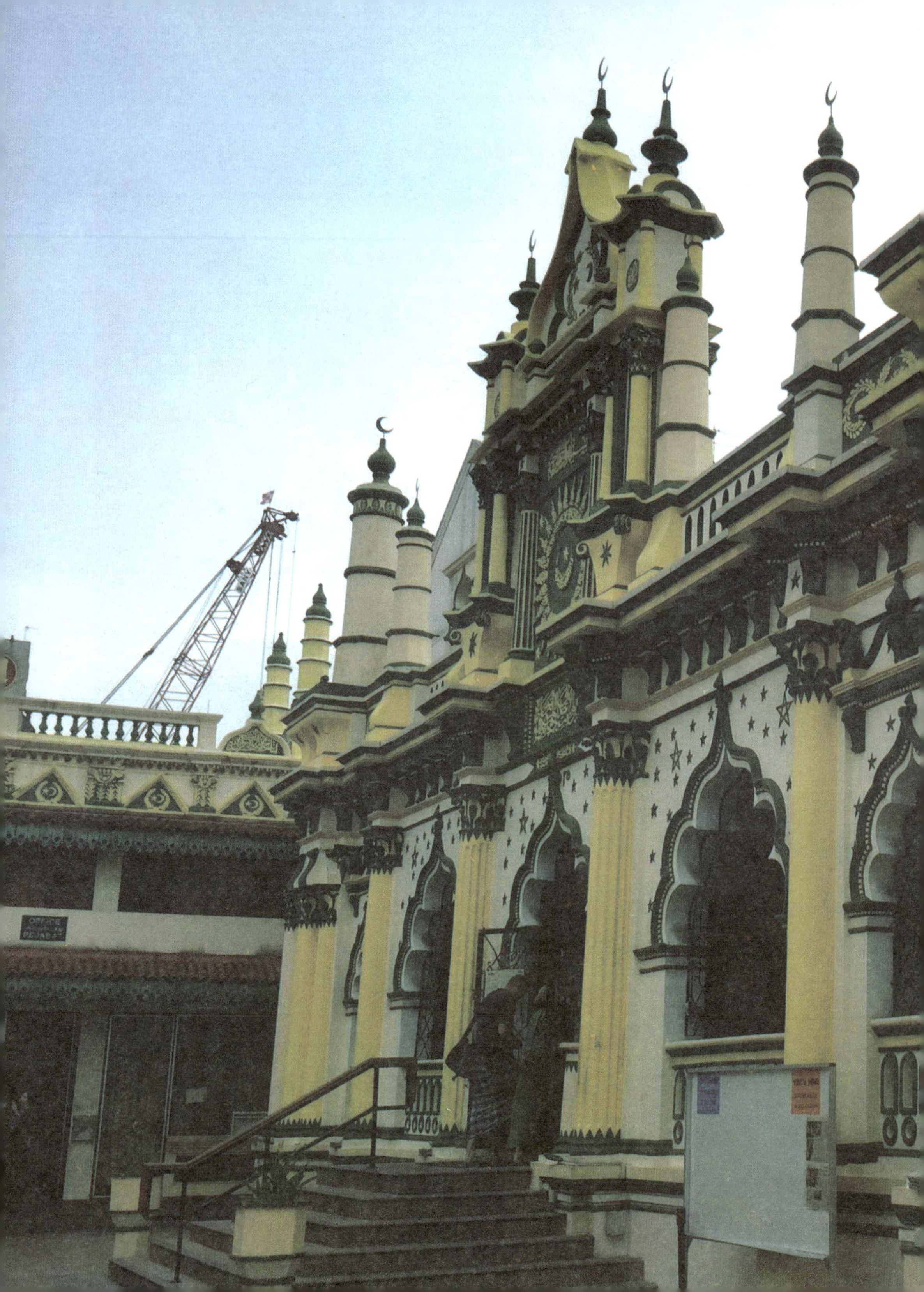

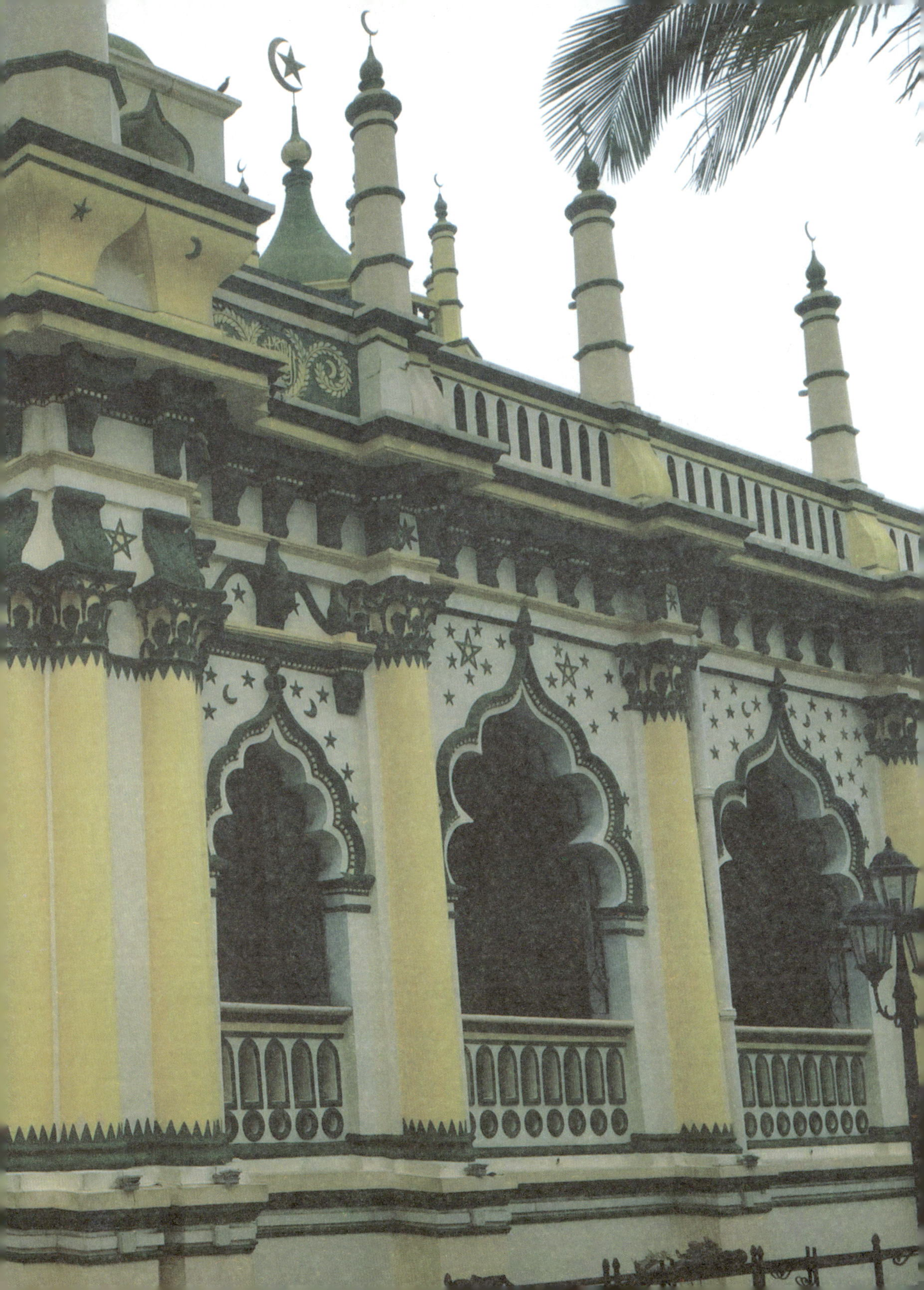

阿都卡夫清真寺
（Masjid Abdul Gafoor）

免费

🏠 41 Dunlop Street 🚇 地铁小印度站（Little India） 🕙 10:00-18:00

阿都卡夫清真寺位于甘榜加卜区（Kampong Kapor），是南印度穆斯林信徒的信仰中心。建筑外观华丽绚烂，像一座童话世界的城堡。最初这里是一座木质结构的教堂建筑，1907年开始，在南印度穆斯林教徒的发起下，将此改造成砖造建筑，它才有了现在如此漂亮的外观。

相比其他清真寺，虽然这里规模不大，但是建筑设计却有一个最大的看点，那就是入口上装饰着一个日晷，日晷三角墙用阿拉伯文书法刻出25道度数，并用25位先知的名字来命名。这是伊斯兰世界中独一无二的设计，成为这座清真寺最吸引人的地方。

TIPS
不能穿鞋进入，要穿长裙或者长裤，谨慎注意，不要触犯当地人的信仰禁忌。

中央锡克庙
（Central Sikh Temple） **免费**

🏠 2 Towner Road 🚇 地铁文庆站（Boon Keng） 🌐 www.sikhs.org.sg

简单来讲，锡克教是15世纪在印度教巴克提派和伊斯兰教苏非派的共同作用下产生的，教义主要是信奉真神，在神的面前人是平等的，人要靠神的指导才能得以解脱，反对祭祀制度，尊崇祖师。

在中央锡克庙，可以了解到新加坡锡克教徒的生活。这座庙是为了纪念首位锡克教宗师那纳克（Guru Nanak）诞辰518周年而建造的，它巧妙地融合了现代与传统的建筑风格。祈祷堂有一个13米宽的穹顶，穹顶上铺满白、灰以及金色马赛克，华美惊艳。祈祷堂中还供奉着锡克教的圣典——Granth Sahib。

TIPS
要穿着长裤或者长裙，不要进入神圣的祈祷堂。

甘贝尔巷
（Campbell Lane）

免费

🏠 Campbell Lane 🚇 地铁小印度站（Little India） 🕙 10:00-21:00

甘贝尔巷是小印度区域的旅游商业街，有特色商品店铺，有改良后适合当地口味的印度餐厅，还有很多其他民族口味的餐厅，是一个逛街淘宝的街区。在各种店铺能淘到一些有趣的小玩意，比如有民族特色的包或者灯饰。不过在街上，你看到最多的就是挂在店门口的各种花环。印度人用红玫瑰、黄金盏花、白茉莉编成美丽的花环花饰，这是有寓意的，三种花分别代表了爱、和平、纯洁，许多印度人会带着花环花饰去寺庙敬上，以求与神佛对话。

TIPS
甘贝尔巷与小印度拱廊紧邻，不用特意选作旅游的目的地，可以把小印度拱廊和甘贝尔巷放在一起，算作小印度风情购物的地点。

释迦牟尼菩提迦耶寺

免费

（Sakya Muni Buddha Gaya Temple）

🏠 366 Race Course Rd Singapore 🚇 地铁花拉公园站（Farrer Park） 🕗 8:00-16:45

释迦牟尼菩提迦耶寺是新加坡香客最多的佛教寺庙，也被叫作千灯寺，是1927年由泰国僧人Vutthisara修建的，所以整个建筑和寺庙风格深受泰式风格影响。殿堂供奉着一尊15米高的宏伟佛像，佛像基座上是一幅描绘佛陀一生中重要事件的壁画。这里之所以被叫作千灯寺，是因为佛像周围围绕着无数佛灯，信徒们可以自由捐献点亮佛灯，这些佛灯更衬托出寺庙的神秘和恢宏。

TIPS

佛像身后的殿堂里有一尊身体斜卧的卧佛，卧佛只能参拜不能拍照。

加宝路艺术区
（Kerbau Road）

免费

🏠 Kerbau Road 🚇 地铁小印度站（Little India）

　　加宝路艺术带是新加坡的艺术区之一，这里的房屋色彩艳丽，不光颜色对比强烈，而且色彩运用丰富，充满想象的空间，让这一带的建筑非常醒目。这里聚集了很多艺术团体和演艺公司，有画廊、艺廊，在这里能看到很多有个性的当代风格艺术作品和各种艺术表演，让人耳目一新，记忆深刻。

陈东龄故居
（The Former Residence of Chen Dongling）

免费

🏠 37 Kerbau Road 🚇 地铁小印度站（Little India）

　　陈东龄是早期华人移民中的一位富商，1900年，他为妻子修建了这栋别墅，现在被叫作陈东龄故居。其出名的原因是这栋别墅的建筑风格，典雅端庄，色彩丰富，具有浓郁的南洋风格，但是又能找到中国明清建筑的特点。这栋建筑曾经获得过新加坡建筑师协会奖，是小印度的另一道风景。

加东地区

土生华人文化，是东南亚独有的社会文化。早期的华人移民到这里，与当地非伊斯兰教徒马来人通婚定居后，这里就开始留下了丰富的土生华人文化遗产。

加东地区是土生华人重要的聚居区域，早年间这里住着许多富裕的土生华人，加东、如切路附近都留下了许多土生华人生活、经商的痕迹。从街道上别致的别墅式住宅风格，整齐的区域规划，不难看出以往这里富足、安稳的生活。土生华人文化至今保留下来的部分中，最具代表性的是娘惹美食、服饰和手工艺饰品，这也是今天最吸引普通旅行者的地方。而这些珍贵的遗产，在加东、如切地区都可以找到最具代表性的著名店铺。

同时加东的芽笼士乃，也是马来族人聚居的地区，与加东土生华人聚居区相邻。从19世纪中期，陆续有很多马来西亚和印度尼西亚人来到这里务工，让芽笼士乃街成了重要的马来族群聚居地。政府为了保护马来族群的文化，在芽笼士乃街上修建了新的马来巴刹、马来文化村，让这一区域的马来文化更加浓厚。

总体来说，新加坡最早期居民的平淡生活都在这里完好地体现和保留了下来，让这里成为探寻新加坡土生华人和马来族群日常生活的最佳之地。

芽笼士乃巴刹 免费
（Geylang Serai Market）

🏠 1 Geylang Serai 🚇 地铁巴耶利巴站（Paya Lebar）🕙 10:00-22:00

芽笼一带的地标就是芽笼士乃市场。市场是两层的深红色建筑，很有马来特色，在街边非常好找。一层有出售当地人们生活所需的蔬菜、食品、香料、熟食摊位，二层有小吃摊位，还有马来传统服装、头巾，是一片马来文化气息浓厚的生活区。

芽笼士乃（Geylang Serai）在马来文里的意思是柠檬草坊。很早的时候阿拉伯商人在这里种植了大片的柠檬草，因此这里就被叫

作了芽笼士乃。随着在这里聚居的马来人越来越多，这里也被叫作马来村。很多当地马来人在巴刹里吃饭，都会点一份传统马来饭菜品尝。一般最有代表性的，也是在新加坡巴刹、食阁最常见的，就是 Nasi Padang，简单地说就是铺上芭蕉叶，然后盛好米饭，加上多种不同的马来传统菜，再淋上一勺马来酱汁，初看起来并不起眼，但是吃起来却非常美味。菜的种类很多，有蔬菜、鱼肉、牛肉、鸡肉，都是用各种香料或者酱料炖煮的，也有凉拌的蔬菜，这些被盛在大餐盘里，摆放在摊位上，供人选择，通常每家摊位上都会摆放十几种菜，口味以甜辣居多，但不会很辣。

马来美食还有沙嗲，就是烤肉串，将腌好的羊肉、牛肉、虾肉和鸡肉串成肉串，放在炭火上烧烤，然后再蘸上马来的沙嗲酱，搭配上黄瓜片和洋葱圈就可以享用了。

TIPS

巴刹里有一家摊位排着长队，店家娴熟地展开芭蕉叶铺好米饭，用悠扬的吆喝声重复客人选的菜，配合着像舞蹈一样的动作将一份一份的菜摆在芭蕉叶上，很快一份 Nasi Padang 就递到客人面前。这些菜怎么搭配都可以，选几种都可以，会按照选了多少种菜结账付钱，最后淋上的酱汁，一般是用椰浆和各种香料煮的，有咖喱的，也有蔬菜的，还有辣椒的。如果不怕辣的话，最后最好再加上一些叫作参巴马来盏（Sambal Belacan）的辣椒酱，会跟这些饭菜非常合味。

如切路与坤成路
（Joo Chiat and Koon Seng Road）

免费

🏠 Joo Chiat Road 🚇 地铁巴耶利巴站（Paya Lebar）

加东区的如切路是早期土生华人富商的聚集地，如切路名字的由来，就是取自当时一位土生华人富商——周如切的名字。街道上的建筑大多是土生华人富商和他们的后代建造的，是典型的南洋风格建筑，现在街两旁都是一间间的店屋，大多数都是中文名字的招牌，很多还从事着先辈的营生，有传统的木质家具、装饰店、传统中医药店等。经过几辈人的努力拼搏，土生华人在这里按照自己的规律，安静舒适地生活着。

这一带最让人惊艳的土生华人住宅，就在如切路和Tembeling Road之间的坤成路上。精致的二层洋楼，欧式的百叶窗、科林斯柱，混在中国和马来西亚的众多建筑元素中，成了一种新的建筑风格，尤其是门前的庭院，

被装饰得十分精美，在今天看来也是非常的漂亮。

如切路与东海岸路（East Coast Road）的交会处，是加东地区的中心区域，这里有许多传统娘惹美食，像豆干包、肉粽、加东叻沙（Katong Laksa）等。从如切路走上主街东海岸路，街道两侧分布着许多食阁、餐馆，是食客的天堂。

加东古董店
（Katong Antique House）

免费

🏠 208 East Coast Road 🚇 地铁巴耶利巴站（Paya Lebar） ☎ 0065-63458544 🕐 11:00-18:30，周一休息，只接受预约 💰 入场免费，导览费15新元 🌐 www.stpi.com.sg

加东古董店在东海岸路上，是一栋两层楼的店屋，老板兼馆长黄万庆是第四代土生华人。由于不紧邻地铁，所以从如切路走过来，需要比较好的脚力。这里土生华人对自己文化的重视和保护很让人敬佩。其实就整个亚洲来说，土生华人文化是很小众的，加上新加坡本身移民的相互影响，很容易消失或者淡化，但是这里许多土生华人都在用心弘扬他们世代积累下来的文化遗产，当然这其中也有重要的中国传统文化元素。

加东古董店就致力于弘扬土生华人文化，馆长继承自家祖辈留下来的珍贵物品，拿出来展示，又搜集新加坡、马来西亚关于土生华人的大量珍贵物品和特色物品，一起放在店里展示，包括器皿、字画、家具，很多很珍贵的东西是不卖的，在这里，游客才能真正对娘惹的世界有所了解。

TIPS

要了解土生华人文化，最好是去过土生华人文化馆之后，再来这家小店，才会更有体会。最好是在店家的导览下参观，不然，很多东西即便看到了，也没办法深入了解。除了参观需要预约，导览也需要预约，所以去这里前要先打电话联系。

东海岸公园
（East Coast Park） **免费**

🏠 East Coast Park 🚇 地铁巴耶利巴站（Paya Lebar） 🕐 19:00 至次日 7:00 🌐 www.nparks.gov.sg

　　这里有沙滩、酒吧、咖啡厅、餐厅，是热闹的娱乐场所之一。这里有悠悠的树荫，清凉的海风，是新加坡人经常去的野餐烧烤之地。公园配套的娱乐设施种类丰富，有水上娱乐、保龄球馆、儿童沙滩、太极园等，可以满足各个年龄层的人群。

省钱小助手
这里有租车、租溜冰鞋的服务，租一辆自行车，骑着自行车在公园的自行车道上慢慢吹海风，是最惬意不过的选择了。

新加坡好好玩·滨海湾地区·行政区·历史文化区·新加坡河河畔·牛车水·武吉士·甘榜格南地区·小印度·港湾地区·郊区·加东地区·樟宜村和乌敏岛·圣淘沙岛

超惠游 新加坡

圣淘沙岛

圣淘沙岛是新加坡南部的一座风景旖旎的小岛，在这座小岛上，新加坡打造了一座世界顶级的大型游乐园、度假胜地。这里有纯净的海滩、丰富的海上运动场所、先进的游乐设施、主题丰富的乐园，还有高尔夫球场和各式度假休闲酒店。

圣淘沙岛曾经只是一个小渔村，1972年，整个岛开始被改造成一座欢乐而又悠闲的度假胜地。

在这里，如果你想亲近大自然，可以选择在沙滩晒太阳玩水，享受水上活动，沿骑行道骑车；如果想探索自然世界，可以去海底世界、胡姬园、蝴蝶园；如果想彻底欢乐地释放，可以选择环球影城、高空索道、高塔等刺激的游乐项目；如果想领略历史遗迹，可以到西乐索炮台看看第二次世界大战时期的历史痕迹。圣淘沙岛充满无穷的吸引力，既适合年轻人休闲娱乐，又适合全家老小度假放松。整个岛可以划分成5个区域，分别是南面的海滩区域、西端的西乐索炮台景区、北面的名胜世界、中心的主题展馆区域和东侧的高尔夫度假胜地。岛上有快捷便利的交通工具，可以很方便快速地到达需要去的景点，设计十分人性化，可能这也成为该岛吸引人的地方之一。

名胜世界
(Resorts World)

🏠 Universal Studios Singapore，8 Sentosa Gateway ⏰ 10:00-21:00 💰 成人票 74 新元，两日通票 118 新元；儿童票 54 新元，两日通票 88 新元；老年票 36 新元，两日通票 58 新元

🌐 www.yoursingapore.com

名胜世界包括环球影城、水族馆、赌场、酒店，集吃、喝、玩、乐、购、住宿于一体，既适合时尚年轻人休闲娱乐，也适合全家老小度假放松，是一座亚洲顶级综合度假娱乐城。

其中环球影城是东南亚唯一一座环球影城娱乐公园，水族馆是世界最大的水族馆，都是这里人潮不断涌入的理由。不过这里人性化的设计，细心的服务，优雅的环境，让顶级游乐城这一名号当之无愧。不同主题区的游乐项目都需要排队，如果打算在这里停留一整天，可以尽兴地在里面游玩，尝试各种游乐设施，观看表演秀。如果只打算停留半天，可以上午来这里，这个时间人相对比较少，游乐设施前排队的人也不会太多。

137

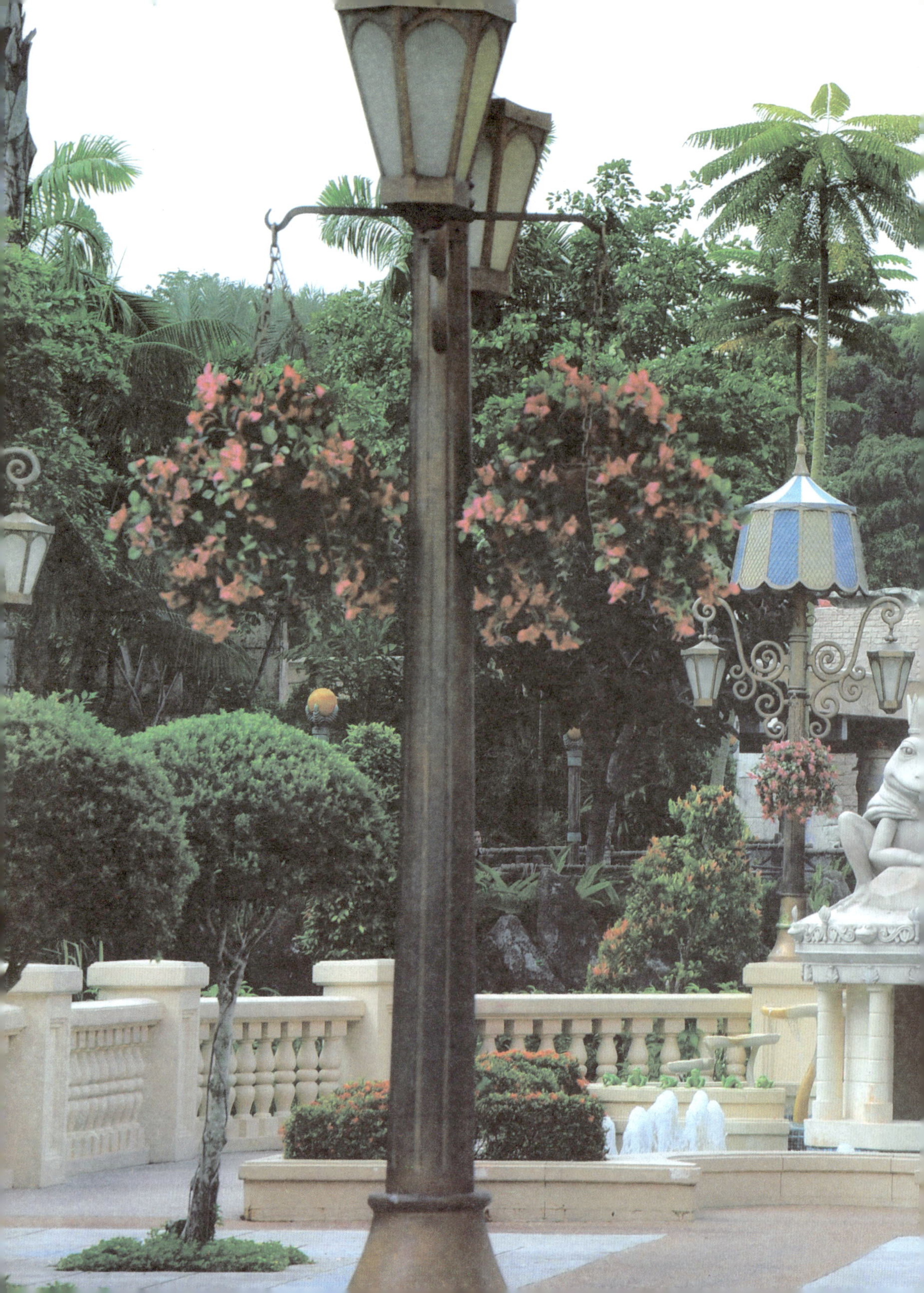

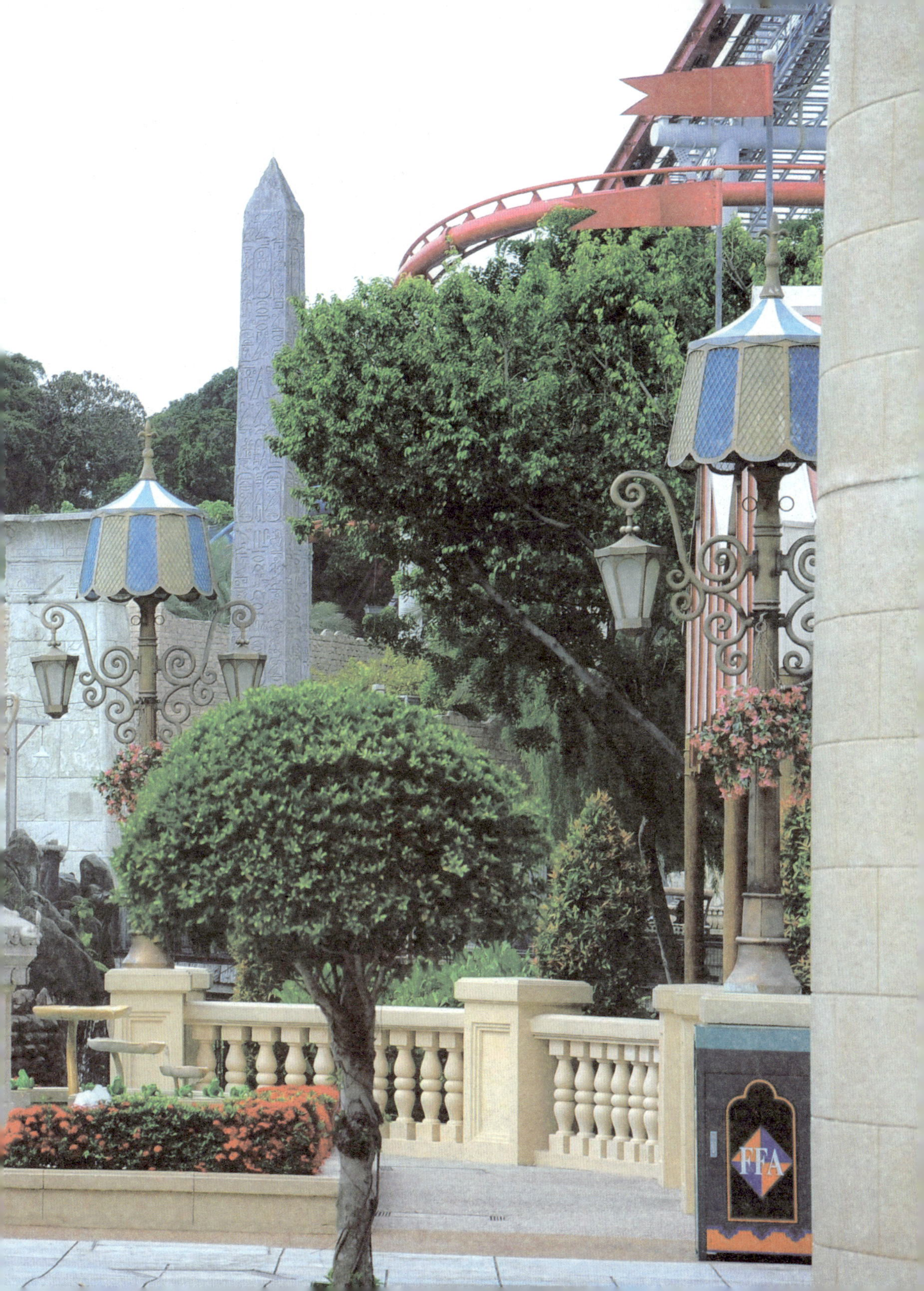
FFA

环球影城（Universal Studios Singapore）

圣淘沙岛上的这座环球影城是以世界知名电影为主题的娱乐型公园，仅次于日本大阪，是亚洲第二座环球影城。乐园里分为好莱坞、纽约、科幻城市、古埃及、失落的水世界、遥远的王国、马达加斯加7个主题区，都取材于深受人们喜爱的电影情节。还记得哪部电影中的角色让你感动，让你牵挂吗？在这里可以走进电影中的情境，与亲密的朋友一起尽情地玩耍、探险、拯救地球。

好莱坞（Hollywood）

这里是以 20 世纪 70 年代的好莱坞为构想主题，模拟好莱坞大道、棕榈树，位置就在主题公园的入口区域。这条街上会有功夫熊猫阿宝、科学怪人、啄木鸟伍迪、啄木鸟云妮、玛丽莲·梦露、查理·卓别林、甲壳虫汁和贝蒂出现，你可以随时与他们合影，他们会教你摆出经典 pose。这里还会有很多街头表演秀，梅尔斯餐厅充满活力的服务生在街边合唱快乐的歌曲，随时会邀请路人加入他们的歌舞。

TIPS

周六和特定假日还会有绚烂的烟火表演，烟花会随着音乐的旋律在空中绽放，如果想看烟火表演最好先咨询一下问讯处烟火表演的具体时间。

141

纽约（New York）

这里模拟了纽约市曾经的样貌设计，能看到很多在电影中常见的街区、霓虹灯、城市一角，最显眼的是复制了纽约图书馆的大门。这里有一个电影特效片场，你会看到如何把一个空荡荡的影棚转眼间变成飓风过后的纽约市场景，还有一个规模最大的芝麻街商店，里面是各种芝麻街主题商品，有各种可爱的玩偶，是选购纪念品的好地方。

科幻城市（Science Fiction City）

这是一个"幻想大都市"，这里有人类未来世界的旋转飞盘、太空堡垒战队、变形金刚终极对决，充满新奇刺激。其中的双轨过山车"太空堡垒卡拉狄加"，蓝色轨道上悬挂的是机械战队，红色轨道上疾驰的是人类战队，机械战队会做一连串的蛇形翻滚、螺旋翻滚进攻，而人类战队会以82.8千米的时速翻转着冲向14层楼的高空迎接机械战队的进攻，排队的时候，你要想好准备加入哪一方战队。

古埃及（Ancient Egypt）

这里是根据 20 世纪 30 年代黄金时期的埃及样貌建造的，有一座古埃及尖碑和一座金字塔。沙穴里是室内过山车，在一片漆黑的环境下营造出恐怖、惊悚的氛围。这里的自助餐厅也是以埃及为主题，有丰富的中东美食，值得去吃一顿。

失落的水世界（The Lost World of Water）

这里包含侏罗纪公园和水上乐园两个园区。侏罗纪公园根据斯蒂芬·斯皮尔伯格导演的电影和米高·克赖顿所创作的小说建成，而水上乐园部分则为主要的水上景点，当中的表演亦是根据凯文·科斯特纳主演的电影《未来水世界》作为设计构想编排而成。水上项目容易被淋湿，玩之前要做好准备工作。

143

遥远的王国（The Distant Kingdom）

这一主题来自梦工厂动画片《史瑞克》。这里有史瑞克的沼泽房子、美丽的罗密欧镇，展示着童话王国的日常生活。最主要的一个景点是史瑞克4D影院，可以随着史瑞克与菲欧娜公主共赴蜜月之旅，身临其境地感受途中的一切，非常值得体验。

马达加斯加（Madagascar）

还记得电影中从中央动物园逃离的狮子亚历克斯、斑马马蒂、河马格罗利亚、长颈鹿梅尔曼吧？这里就是他们最后流落的地方。在这里可以跟着动物们来场水上漂流之旅，街头表演——马达加斯加大派对，非常吸引小孩子。

不管是大人还是孩子，在环球影城都可以找到自己喜欢的电影情节，进入情境当中释放天真快乐的天性。街头的各种表演、各式餐厅、五彩缤纷的纪念品店，都会让人流连忘返，让这里成为一座欢乐之城。

TIPS

环球影城内的各个主题演出是不定期的，买票后记得要在门口拿一份演出秀导览，可以帮助你在偌大的主题公园内找到感兴趣的演出或者主题活动。

SEA 海洋馆及海事博物馆
（SEA Marine Museum and the Maritime Museum）

圣淘沙海洋馆是世界最大的海洋馆，拥有2 500多个海洋生物，250多种本域海洋物种，最大的亮点是这里的最大深海景观区，整个深海层的海洋生物样貌完美地展现在人们眼前，你可以从垂直的视角，看到海洋生物相互依存、相互竞争的画面。

这里最吸引人也是最值得宣传的地方是，这里不仅仅被当作人工景点来设计，更多的是赋予了海洋课堂这样的教育功能，想方设法地让游客尤其是小朋友在游览的时候了解不同的海洋生物知识，比如不同种类的鱼生活在什么样的水域、生活习惯如何、以什么为食物等，更重要的是还告诉游人如何保护这些海洋生物。馆内摆放了大量的多媒体互动屏，通过视频和文字等多种形式来介绍海洋知识，吸引着游人驻足阅读观看。尤其是有专门的抚摸池，在工作人员的引导下，小朋友可以和海洋生物亲密接触，引得小朋友不想离开。

进入海洋馆前，会先穿过海事博物馆的一部分。海事博物馆记载了亚洲海上贸易的兴起和发展。博物馆大厅里有一艘巨大的航海船摆放在中央，这是按照郑和下西洋航海探险时的寻宝船等比复制的模型，巨大的模型气势磅礴，周围伴随着许许多多小型的帆船模型，就好像一个正在海上航行的大型船队。的确，这就是海事博物馆建造的初衷，

145

要让人们领略历史上海上贸易的繁荣景象，从而了解海上贸易对新加坡历史的影响。在"船队"旁边，还塑造了多处模型场景，再现了早期海上贸易中各国商人经商的场面，也都是按照真人比例制作的。你会看到各国的人们带着自己国家的物产，漂洋过海，到达贸易中心交换或者售卖。你还会发现，早期的贸易中，流行物品有中国人的茶、波斯人的地毯等，这便是早期新加坡作为贸易港的原始样貌。

海事博物馆中还有一个主角，就是阿曼仿古帆船马斯喀特宝石号。它是根据一艘9世纪的阿拉伯独桅帆船残骸复制而成的，是阿曼苏丹国赠予新加坡政府与人民的珍贵礼物。马斯喀特宝石号独桅帆船建成后，从阿曼苏丹国扬帆远航到了新加坡，全程完全不依赖现代导航仪器，只靠古老的航海技术掌舵。

🏠 Resorts World Sentosa 8 Sentosa Gateway（名胜世界里西侧）🕐 10:00-20:00
💰 海洋馆成人 28 新元

TIPS

馆内会有水族馆海洋知识讲座，如果想深入了解海洋知识、海事历史，还可以参加课程，会大有收获。

最大鱼尾狮雕像 免费
(The largest Merlion statue)

🏠 圣淘沙岛中部

新加坡的鱼尾狮雕像很多，最出名的是大家熟知的滨海湾鱼尾狮公园里的那一座，而圣淘沙岛上的这一座则是最大的一座，处在圣淘沙岛中心位置，面朝北方，守望新加坡本岛。

这座雕塑表情最具威严，大气庄严，夜晚鱼身的鳞片还会发出不同的光芒，也许是怕它严肃的面孔吓坏来这里的游客，在雕塑广场上，还有几处造型可爱、表情俏皮的狮子，引来人们纷纷合影。

万象馆
（Images of Singapore）

🏠 Imbiah Lookout 40 Imbiah Road 🚍 可以步行，也可以乘坐橙色公交到第二站下车，从最大鱼尾狮旁的步行梯上去就可以到达 🕘 9:00-19:00 💰 成人 10 新元，儿童 7 新元 🌐 www.sentosa.com.sg

万象馆是一座蜡像馆，将 14 世纪以来新加坡的发展复制出来，从当年的渔村到马来西亚统治期、英国殖民时期、日占时期都一一呈现出来，将新加坡的历史娓娓道来。走进这里，会对新加坡整个发展史和不同种族移民对这里的贡献有所了解。

摩天塔
（Sky Tower）

🏠 41 Imbiah Road 🚌 可以步行，也可以乘坐橙色公交到第二站 🕘 9:00-21:00 💰 成人 12 新元，儿童 8 新元 🌐 www.skytower.com.sg

　　摩天塔是圣淘沙岛最著名的景点之一，因为这座塔上的观景平台是岛上的最高点。塔高 131 米，在这里可以看到整个岛的景色。随着电梯上升，眼前的风景由大变小，圣淘沙呈现出原始美景，观感绝佳，也可以看到最美的天际线。

西乐索海滩
（Siloso Beach）

免费

🏠 Siloso Beach 🚌 沙滩专线巴士西乐索海滩站

西乐索海滩更适合年轻族群，因为这里有沙滩排球场地，很多年轻人喜欢在这里一起玩水上排球和沙滩排球，进行对抗比赛。

这里是新加坡沙滩排球运动的盛行地，而且还有很多家海滩酒吧和咖啡座，前卫时尚。在宽敞的开放座位空间，在棕榈树荫下吹着海风，就算没有进行激烈的沙滩排球运动，光是看着充满激情的对抗比赛，都让人顿感活力无穷。

省钱小助手

在圣淘沙岛的南部海滩区只有一条主路，贯穿三个沙滩等景区景点。这条路上有海滩专线巴士，可以在这条路上的任意车站上车、下车，乘坐免费，所以不管去哪个海滩或者海滩附近的景点，不想走路的话，都可以乘坐这条海滩专线到达，西乐索海滩在这条线上的第二站，第一站是西乐索炮台景区。

香灰莉园
(Standard LI Garden)

免费

🏠 50B Imblah Road 🚌 可以步行，也可以乘坐橙色公交到第二站下车，沿着摩天塔的路，可以直接走到

　　香灰莉园中的香灰莉古树，枝叶繁茂，花期时，树上开满淡黄色的花朵，十分美丽。新加坡政府对古树的保护力度很大，所以香灰莉园是圣淘沙岛上最有休闲气息的公园，郁郁葱葱，有着迷人的气质，很多人直接躺在草坪上休憩、冥想。

新加坡好好玩·滨海湾地区·行政区·历史文化区·新加坡河河畔·牛车水·武吉士·甘榜格南地区·小印度·加东地区·樟宜村和乌敏岛·圣淘沙岛·郊区·港湾地区

西乐索炮台景区
（Fort Siloso）

🏠 33 Allanbrooke Road 🚌 沙滩专线 Fort Siloso 站或者公交 Fort Siloso 站 🕙 10:00-18:00 💰 成人 8 新元，儿童 5 新元

在 19 世纪 80 年代，西乐索区域是英军防卫新加坡南方海域的重要军事基地，英军修建起数座当时先进的炮台，用来打击敌人的进攻。当年的遗迹，至今保留得十分完好，现在这里依然陈列着昔日英军的大炮。也许当年这里是叱咤风云、硝烟弥漫的景象，但是在历史的长河中早已是烟消云散，古老的火炮安静地躺在这里，静静地给来到这里的人们讲述当年的故事，至于是非对错，交给来这里了解历史的你进行判别。

除了展出多座当年的炮台遗址之外，这里还按照 1:1 的比例复制了当年的营房，用大量蜡像和复制物品复原了当年在这里服役的英国士兵的生活状态。你还可以看到当年人们是怎样用杠杆滑轮原理将大炮运到山顶的场面。更重要的是，这里还有两间受降室，一间还原了 1942 年白思华将军向日军投降的那一刻，而另一间还原了 1945 年板垣征四郎向联军投降的那一刻。

蝴蝶园与昆虫王国
（Butterfly Garden And Insect Kingdom）

- Imbiah Lookout 51 Cable Car Road
- 从摩天塔步行可以直接到达，也可以乘坐橙色公交第二站下车
- 9:30-19:00
- 成人16新元，儿童10新元
- www.sentosa.com.sg

　　蝴蝶园的户外温室培育着20多种蝴蝶，其中有很多濒危品种。这里不光是旅游休闲的公园，同时还有科普科研的功能。公园里环境特别优美，树木葱郁，鲜花遍地，空气中弥漫着芳香，吸引着大量蝴蝶在这里自由飞舞，蝴蝶萦绕在鲜花之间，这种和谐的自然之美让人陶醉。

　　昆虫王国中展出了千奇百怪的活昆虫，听起来有些不可思议，因为这里有一条昆虫洞穴，全长70米，里面各种昆虫应有尽有，是名副其实的"精灵的国度"。在这里可以与各种昆虫亲密接触，是亲子寓教于乐的佳选。

巴拉湾海滩
（Palawan Beach）

🏠 Sentosa Island 🚌 在圣淘沙岛的南部海滩区只有一条主路，路上有海滩专线巴士，巴拉湾海滩就在线路的中间站。如果是搭乘捷运专线进入圣淘沙岛，在捷运终点站出来之后，可以步行直接到达

巴拉湾海滩很适合全家老小共聚天伦，因为沙滩上设有一些儿童游乐设施，很适合亲子游戏玩耍，周围的餐厅还有一些设计有趣的装饰雕塑造型，也会很吸引小朋友，增加一家人在这里的乐趣。这里还有一座美丽的吊桥横跨在巴拉湾海面上，连接着沙滩对面的一方小岛，走过颤颤悠悠的吊桥，就可以看到亚洲大陆最南端的标志牌，这里是亚洲大陆最接近赤道的位置，是著名的坐标景点。

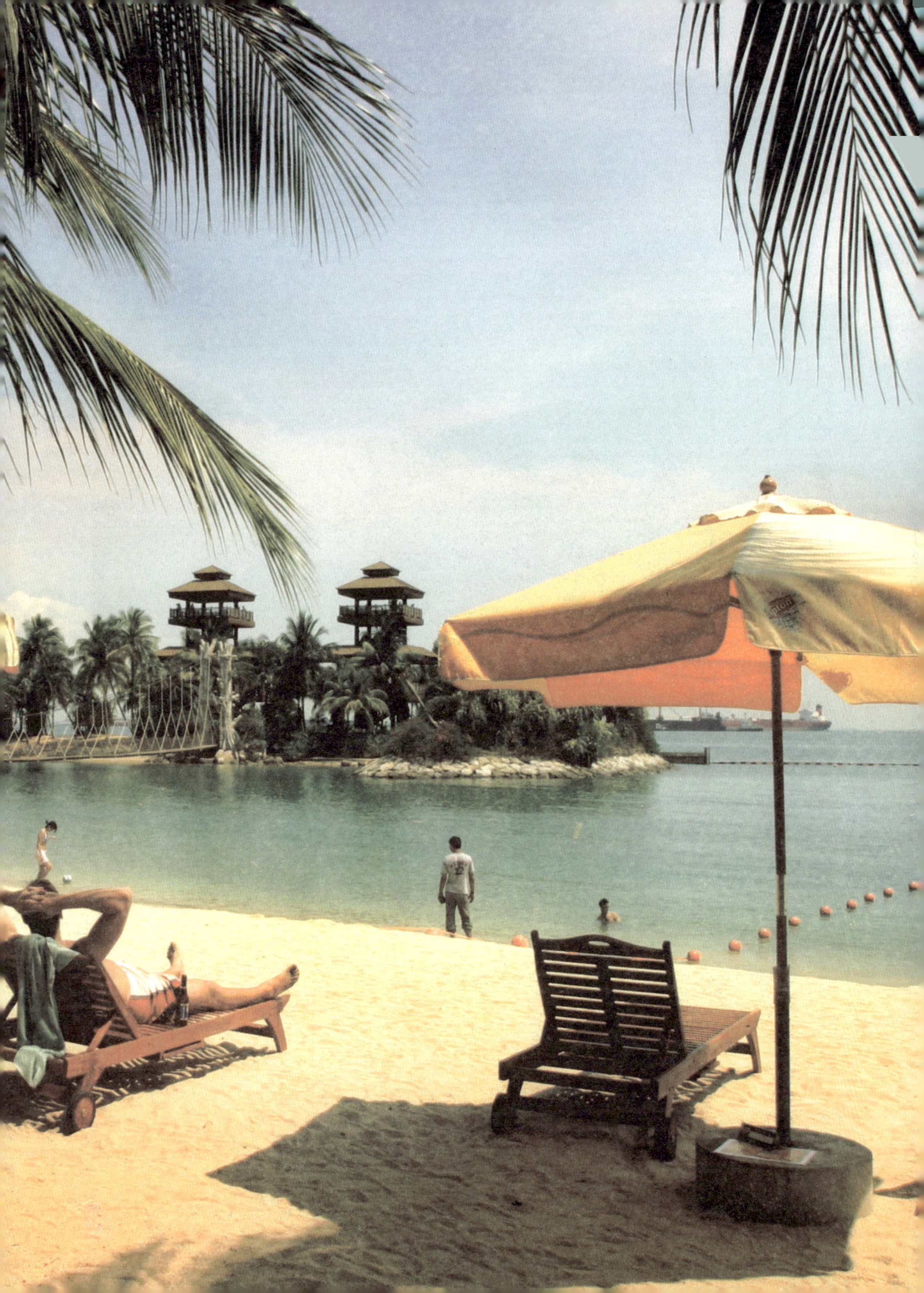

亚洲大陆最南端
（Southernmost Point of Continental Asia）

免费

🏠 Palawan Beach 🚌 沙滩专线巴士巴拉湾海滩站（Palawan Beach），在巴拉湾海滩很明显就可以看到吊桥，走过吊桥就可以看到亚洲大陆最南端的标志了。

其实关于亚洲大陆最南端的说法，要从两个方面来看。如果新加坡岛不算作大陆，那亚洲大陆的最南端应该是在马来半岛的最南角 Tanjung Piai。但是如果把新加坡岛视为位于马来半岛的末端，而整体算作亚洲大陆的话，那这里就是亚洲大陆的最南端了。

站在这里的指示牌下，顿时有一种征服地球的激情。这里还有一个观景阁楼，登高远望，可以看到南面印度尼西亚的巴淡岛和海上密布的货船，这段海域就是马六甲海峡的新加坡段，是世界上最繁忙的航道之一，东侧是太平洋，西侧是印度洋，难怪这里自古便是重要的海上贸易中心。

丹戎海滩 免费
（Tanjong Beach）

🏠 Sentosa Island　🚌 沙滩专线巴士丹戎海滩站（Tanjong Beach）

圣淘沙岛南部是沙滩区，一共有三处海滩，丹戎海滩在最东边，离中心的热闹区域远些，所以相对安静惬意一些。这里也是风景最旖旎的一段海滩，适合喜欢安静的人晒着太阳发呆、看书、听音乐。这里有家丹戎海滩俱乐部，仿造了一座20世纪50年代的海滨休闲胜地，里面有酒吧、咖啡座和海边游泳池，更让这里有着世外桃源一般的小资情调。

港湾地区

港湾地区位于新加坡南部，包括拉柏多自然保护区、花柏山一带，与圣淘沙岛隔海相望。从海湾到圣淘沙岛有一个有意思的入岛方式，就是在花柏山缆车站搭乘空中缆车，横跨海面抵达圣淘沙岛。花柏山缆车站每到周末还会提供浪漫晚餐，供情侣们享受二人世界，据说这里经常上演浪漫的求婚画面。

拉柏多自然保护区
(Labrador Nature Reserve)

🏠 Labrador Villa Road 🚇 地铁港湾站（Harbour Front）A 出口，在兰雅路（Telok Blangah Road）乘坐 10、30、61、143、176、188 路公车到 Opp PSA Bldg 站 🕙 10:00-19:00 💰 隧道导览成人票 8 新元，儿童票 5 新元 🌐 www.nparks.gov.sg

这里是城市中一处清静的角落，保护区内植被茂密，鸟声不绝，蝴蝶飞舞，环境宜人而又神秘。而且这里能观赏到远处海平面一线天的壮观景色，漫步在小路上，还会有小松鼠与你做伴。

这里还有一处第二次世界大战时期留下来的神秘隧道。其实拉柏多公园就是一处第二次世界大战遗址，是那时候英国殖民者的防御基地，地面上至今还遗留着很多当年的军事设施。隧道就在公园的地下，是通往军火库的通道，不过现在已经不对外开放了。

圣詹姆士
发电厂俱乐部
（St. James Power Station）

🏠 3 Sentosa Gateway　🚇 地铁港湾站
（Harbour Front）　🕐 午夜　¥ 40～100 新元
🌐 www.stjamespowerstation.com

　　这座俱乐部坐落在一间修建于 1927 年的老式发电厂中，有卡拉 OK（Mono）、爵士（the Bellini Room）、华语流行（Dragonfly）、电子音乐（Power House）以及疯客音乐等各种厅，还有专门的体育酒吧。

花柏山
（Mount Faber） 免费

- The Jewel Box 109 Mount Faber Road
- 地铁港湾站（Harbour Front） 8:45-22:00
- www.mountfaber.com.sg

花柏山公园是新加坡最老的公园，名字来源于工程师查尔斯·爱德华·花柏船长（Captain Charles Edward Faber），在这里可以俯瞰圣淘沙和新加坡商业中心。这里有高雅舒适而且种类繁多的各式餐厅，很多都有绝佳的景观平台，可以边吃上等佳肴，边沉浸在美丽夜色里，俯瞰整个新加坡城市中心。这里的花柏顶（Faber Point）还有很多壁画展览，诉说着新加坡的人文历史，是饭后散步的好地方。在这里，自然与现代化结合得恰到好处。

这里还有游览缆车，是新加坡非常著名的缆车观光线，可以乘坐缆车往返于各个缆车站之间。其中花柏山上的珠宝盒缆车站，可以直接到圣淘沙岛。如果想要从花柏山搭乘缆车进入圣淘沙岛，可以在地铁海湾站转乘缆车，从地铁站出来就可以看到海湾缆车大厦，在那里就可以购票搭乘缆车了。

超惠游 新加坡

郊区

新加坡的城市绿化秉承的是自然生态保护理念，较高的城市绿化率和原始生态保护的成效，都让新加坡享誉世界。新加坡的公园、动物园基本都是在保护原有生态环境的基础上建造而成，在寸土寸金的国土上设立大量自然保护区，这十分难得。新加坡的西部和西北部郊区就是这样的区域，最值得一提的是武吉知马自然保护区，这是新加坡城市内部的原始热带雨林自然保护区，世界上仅有两座城市保留了大片的热带雨林，除了新加坡，另外一个是南美的里约热内卢。因为自然环境保得非常完好，所以新加坡这座小岛上的物种数量在世界各国中名列前茅。不管是在自然保护区，还是在植物园、动物园这样的景点，都可以亲身近距离接触各种珍奇的植物和动物，而且环境宜人、空气清新，人们有了与大自然亲密接触的机会，也燃起了爱护大自然的责任心。

新加坡动物园
（Singapore Zoo）

🏠 80 Mandai Lake Road 🚇 地铁宏茂桥站（Ang Mo Kio）下车，转乘 138 号巴士到终点；地铁蔡厝港站（Choa Chu Kang）下车，转乘 927 号巴士到终点；出租车从市中心到达动物园大概 30 分钟，大约 20 新元 🕘 8:30-18:00
💰 新加坡动物园成人 22 新元、儿童 14 新元（生日当天可以免费），园内电车成人 5 新元、儿童 3 新元，游船成人 6 新元、儿童 3.5 新元
🌐 www.zoo.com.sg

新加坡动物园位于新加坡北部，占地面积 0.26 平方千米，有 2 800 多只野生动物，是世界十大动物园之一。园区打造了一个开放式的动物生活环境，为动物提供了充足的空间和近似野生状态的栖息地，游客在动物园中可以近距离观看动物，甚至可以与动物亲密接触，没有禁锢和不适，这是新加坡动

物园最大的魅力。除了是开放模式的动物园，新加坡动物园还是一个知识型的动物园，这里非常适合亲子教育，许多细节设计和互动项目，都能让人学习到野生动物知识，让人们懂得如何保护野生动物，加强野生动物保护意识。

进入动物园记得要拿一张地图，地图上有各个动物园区的位置，可以按照地图游览，主要有亚洲大象园、埃塞俄比亚大裂谷、红毛猩猩自由活动区、脆弱森林、澳大利亚旷野、雨林儿童乐园等主题园区。园内有一条环形的主路，联结各个园区，可以沿着主路顺时针或者逆时针游览，各个动物园区都有步行小径，穿梭在步行道上可以非常近距离地观赏野生动物。

园区不光处处有人性化的设计，还给动物营造了一个自然的环境，所以会看到红猩猩领着全家老小在身边嬉戏，还可以看到狐

猴在你头顶的树枝上荡来荡去，还可以近距离地看到温顺大象的精彩表演，这种开放式体验让新加坡动物园在世界上享有很高的评价。在与动物亲密接触时，你会发现，那种自然界的和谐美不可言。

这里也是家长对孩子进行课外教育的最佳场所，因为这里有很多资料和教育场地，家长可以随时为孩子讲解他们感兴趣的动物知识，游玩的同时也是一次成长学习的机会。

TIPS

阿明餐厅
A-ming Restaurant

红毛猩猩园区有家阿明餐厅，餐厅有片露台，是一个开放式用餐平台，在这里吃早饭，会引来红毛猩猩一起共进早餐，这是新加坡动物园推出的独特游园体验，这种野趣主题早餐曾经获得过最受欢迎的家庭体验奖。在动物园游览到17点左右，可以直接在这里吃晚饭，动物园入口一带有几家快餐店，饭后可以直接走到旁边的夜间动物园。

- 9:00-10:30
- 0065-63608511
- 成人29新元，儿童19新元

新加坡好好玩 · 滨海湾地区 · 行政区 · 历史文化区 · 新加坡河河畔 · 牛车水 · 武吉士 · 甘榜格南地区 · 小印度 · 加东地区 · 港湾地区 · 郊区 · 樟宜村和乌敏岛 · 圣淘沙岛

新加坡夜间动物园
（Night Safari）

🏠 80 Mandai Lake Road 🚇 地铁宏茂桥站（Ang Mo Kio）下车，转乘138号巴士到终点；地铁蔡厝港站（Choa Chu Kang）下车，转乘927号巴士到终点；出租车从市中心到达动物园大概30分钟，大约20新元 🕐 19:30-24:00 💰 成人35新元，儿童23新元 🌐 www.nightsafari.com.sg

新加坡夜间动物园创立于1994年，是世界上第一座夜间动物园，占地面积0.4平方千米，有110种、共计1 200多只野生动物。园内采用先进的照明技术，可以很清楚地观赏动物，又不会干扰动物的夜间活动。游人可以在热带丛林中近距离观赏夜行野生动物的觅食或其他活动。有些在电视纪录片中才会看到的镜头，能在这里亲自观赏，是非常难得的体验，所以夜间动物园十分值得游览。

夜间动物园内一共有8个区域，分别展现不同动物的夜间生活状态，有东南亚雨林、非洲稀树大草原、尼泊尔河谷、南美洲彭巴斯草原、缅甸丛林等。游人可以通过3条步行道游览，也可以乘坐游览车按照环路游览。步行道有渔猫小径、森林小径和花豹小径等共长2.8千米，设置在丛林中，蜿蜒曲折，游人可以近距离观赏动物，不过晚上比较黑。游览车行驶一周大约45分钟，沿途设有站点可以游览周围景区。

建议乘坐游览车游览，在朦胧的灯光中，你会看到慵懒的狮子、老虎在打盹儿，狐狸、土狼在丛林中穿梭觅食，车上有导游会为游客讲解，是非常有意思的体验。从游览车上下来后，就可以直接去看"夜晚的精灵"动物表演秀，这是夜间动物园的亮点，每晚的20:00、21:00、22:00在园内露天剧场举行，

各种动物在训导员的引导下做着奇妙逗趣的表演，会给人意外的惊喜。不过游览夜间动物园，千万不要使用闪光灯拍照，这会严重干扰和伤害动物。

这里是开放式的动物生活区，没有铁网和笼子阻隔，如何保障游客的安全，也许会让人产生疑问。在动物园内你会发现，动物园区都采用了天然的屏障来隔挡游客与动物。比如白虎园，在白虎的生活区域和游客的观赏区之间是一条人工河，隔着河，游人可以看到白虎自由地在丛林里生活的状态。

在动物知识展示方面，动物园的细节设计也十分精致。比如，倭河马的生活区域被设计成一个水族馆，透过玻璃幕墙，可以看到倭河马在河床上栖息的身姿，会发现倭河马潜伏在水中时并不会游泳，它会把耳朵和鼻子都闭起来，还会发现倭河马身上的皮肤油亮，那是用来保护自己不被太阳晒伤而分泌的黏液，因为倭河马身体没有汗腺。在每天14:30的喂食活动中，还会看到这种食草性动物张大嘴巴吃东西的样子。许多小朋友会目不转睛地观察倭河马的一举一动，非常适合亲子教学。

省钱小助手

在夜间动物园游览大概3个多小时就够了，所以如果19:00入园，还可以赶上巴士和地铁返回市区，如果游览的时间比较晚没有巴士了，可以打电话叫出租车，也可以请动物园服务台的工作人员帮忙叫出租车。

167

新加坡植物园 免费
（Singapore Botanic Gardens）

🏠 1 Cluny Road 🚇 搭乘地铁至乌节路站（Orchard）B 出口，从乌节林荫道（Orchard Boulevard）转乘 7、77、106、123、174、502 号公交车，在鹰阁医院站（Opp Gleneagles Hospital）下车，步行至克拉路（Cluny Rd）与纳皮尔路（Napier Rd）交叉口的 Tanglin gate 即可进入园内。也可以选择搭乘地铁（环线）到植物园站（Botanic Gardens/CC19），一出地铁站就是植物园的入口（Cluny Park Road） 🕐 游园 5:00-24:00，新加坡国家胡姬花园 8:30-19:00 💰 入场免费，新加坡国家胡姬花园成人 5 新元、儿童 1 新元 🌐 www.sbg.org.sg

新加坡植物园占地面积 0.64 平方千米，栽种着大量种类繁多的植物，园艺环境设计得十分优美。园中最主要的一处景点，是新加坡国家胡姬园（National Orchid Garden），这里的兰花有 1 000 多个品种。这座兰花园的前身，是 1822 年由现代新加坡的建立者——莱佛士设立的，是新加坡第一座植物园，而现在的样貌是由农业园艺学会在 1859 年改建而成的。

新加坡的植物园是一个具有多种功能的公园，整个园区不仅包括胡姬园、热带雨林、进化园（Evolution Garden）、姜园、无忧花溪（Saraca Stream）、棕榈谷、音乐厅、太阳花园、日晷花园等植物园区，还包括植物学与园艺学图书馆（Library of Batany and Horticulture）、植物标本馆（Singapore Herbarium）这样的科普功能馆区，另外这里还有一座专门为儿童设计的植物园——雅格·巴拉斯儿童花园（Jacob Ballas Children's Garden），在这里可以很好地让小朋友了解植物知识。植物园内还有 3 个

湖：交响乐湖（Symphony Lake）、生态湖（Eco-Lake）和天鹅湖（Swan Lake）。清晨有很多人在这里的小路上跑步、遛狗，在草坪上做瑜伽、冥想，甚至发呆，还有很多家长带着小孩子在这里散步玩耍，场景特别温馨。

植物园里的亚洲第一座儿童花园——雅格·巴拉斯儿童花园，是一个以地球所有生命依赖于植物生存为概念的园区，意义在于从小就培养人们保护植物的意识，小朋友可以了解到不同植物是如何生存的，人类又应该如何与自然共处。植物园还有个图书馆，藏书近万册，人们可以在优美的环境中静静读书。周日这里偶尔还会举行免费的音乐会，如此舒适的回归大自然的享受，也难怪会吸引大量的游客。

植物园里另一个重要的景点是国家胡姬园。为胡姬花品种之一的卓锦万代兰，在1981年被选作新加坡国花，有着低调傲人的美，精致高雅。胡姬园内有1 000多种纯种胡姬花，人工杂交培育的品种超过2 000种，五彩缤纷的胡姬花园凝聚着园丁的心血，成为新加坡傲人的景点。这里有一座贵宾胡姬园和一座名人胡姬园，里面展示的胡姬花，都是用到访新加坡的各国政要和贵宾的名字命名的，像曼德拉、撒切尔夫人、雅子皇太子妃、成龙、男高音波切利等。

胡姬园内除了贵宾、名人园外，还有陈温祥雾室（Tan Hoon Siang Misthouse）、陆婉平凤梨馆（Lady Yuen-Peng McNeice Bromeliad House）、岚烟楼（Cool House）等。岚烟楼营造高海拔热带丛林景观，树木与岩石上披挂着各种胡姬花和奇异的肉食植物，袅袅轻雾扑面而来，习习凉气清爽舒畅，不仅可以观景，还可以避暑。

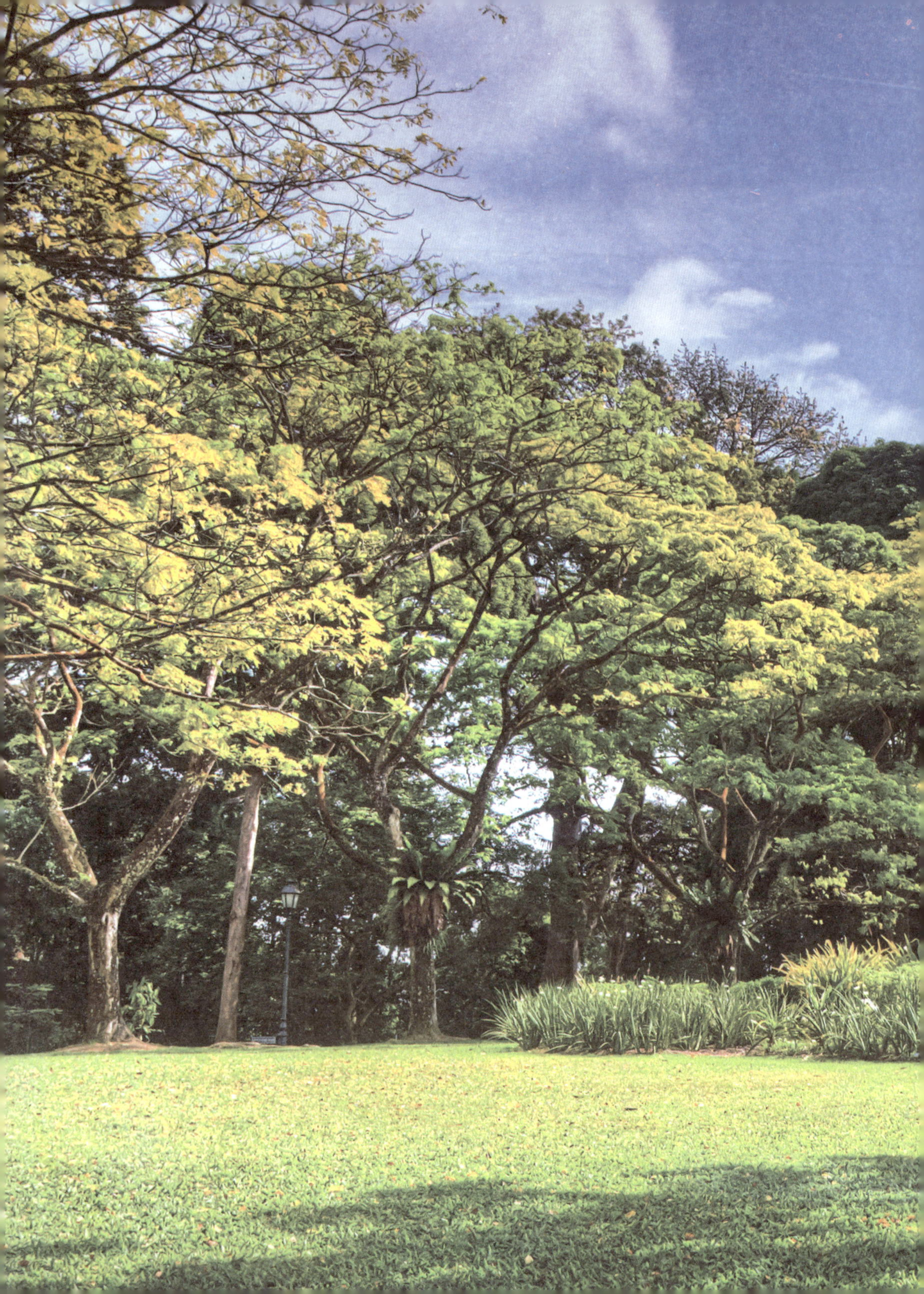

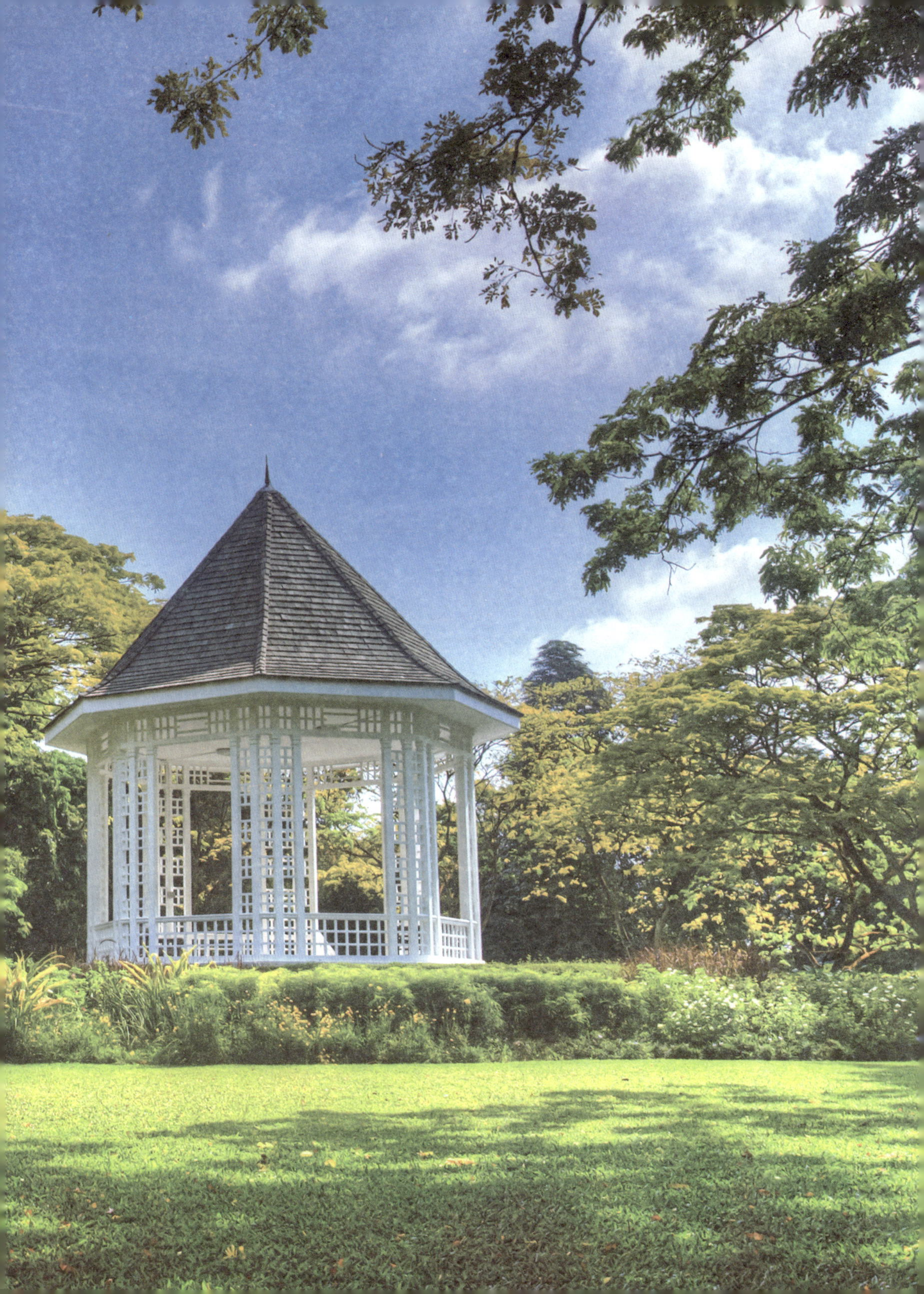

裕廊飞禽公园
（Jurong Bird Park）

🏠 2 Jurong Hill 🚇 地铁文礼站（Boon Lay）下车后，乘新巴 194 号或 251 号公车到裕廊飞禽公园 🕘 8:30-18:00 💰 门票成人 20 新元、儿童 13 新元（当天生日的人可以免费），游园电车成人 5 新元、儿童 3 新元 🌐 www.birdpark.com.sg

裕廊飞禽公园里有 4 000 多只鸟，种类达到 380 种，是世界最大的鸟类公园，鸟儿们在这里自由地高飞、嬉戏。这里有一条水下鹈鹕观赏廊，可以看到鹈鹕的水下生活情景，十分新奇，还可以了解到很多平时难以获得的鸟类知识。

TIPS

每天 11:00 和 15:00 都有妙趣横生的飞禽伙伴秀表演。

武吉知马自然保护区

免费

(Bukit Timah Nature Reserve)

🏠 177 Hindhede Dr Singapore 🚇 乘地铁到纽顿站（Newton），换乘171路巴士在Upp Bt Timah Bo2站下，过人行天桥后，很容易找到武吉知马自然保护区的路牌 🕒 8:30-18:00

武吉知马自然保护区是新加坡唯一一片原始热带雨林，世界上只有两座城市内还有原始热带雨林，一座是巴西的里约热内卢，另一座就是新加坡。武吉知马自然保护区内的树木品种非常多，丛林里面有大量珍稀鸟类。武吉知马是新加坡最高峰，海拔163米，虽然不高，但是登山坡度并不算缓和，所以要准备好舒适的鞋。上山有红、黄、蓝、绿四条线路，不同颜色的线路走下来的时间不同，短的大约一个小时，长的大约两个小时，选择一条，随着一种颜色的指示牌走即可。

省钱小助手

爬山要准备好驱蚊液，这里不像其他景点有大量餐饮店，所以如果停留时间长，最好带够水和食物。这里不允许喂野生动物，违者会受到重罚。

樟宜村和乌敏岛

樟宜村处在新加坡岛的东部,由樟宜角、樟宜机场和西樟宜3部分组成,开发前这里是落后的农业区,早期的华人移民在这里耕作、养殖和捕鱼,虽然后来开发建造了机场、公园、航海俱乐部等,带动了这里的发展,但是相比之下,这里仍旧乡土气息浓厚,生活节奏悠闲缓慢。

乌敏岛位于新加坡的东北角,就坐落于樟宜村北部,乘坐渡船只需要15分钟左右,面积仅约10平方千米,东西长8千米,南北宽1.3~1.7千米,是由花岗岩组成的小岛,是新加坡的3大外岛之一。乌敏岛比樟宜村的乡土气息更加浓厚,而且原始生态保存得十分完好。

许多新加坡当地人都会利用周末的时间来这里垂钓、徒步、骑自行车放松休闲,这里是暂时逃离城市喧嚣,舒缓紧张情绪的最便捷去处,而游客也可以在这里看见新加坡仅存的乡土风情。

樟宜村 免费
（Changi Village）

🚇 地铁丹那美拉站（Tanah Merah）下车后，搭乘新巴2号公车　🕖 樟宜海滩 7:00-19:00

　　远离市中心的樟宜村展现了新加坡的另一种风貌，没有喧嚣的街市，没有高楼林立，只有一片安静、朴素、自然的生活样貌，让人心里顿感踏实舒服。人们喜欢在这里的沙滩上野餐、散步、垂钓。

新加坡好好玩 ·滨海湾地区 ·行政区 ·历史文化区 ·新加坡河河畔 ·牛车水 ·武吉士 ·甘榜格南地区 ·小印度 ·加东地区 ·港湾地区 ·郊区 ·樟宜村和乌敏岛 ·圣淘沙岛

175

巴西立公园
（Pasir Ris Park）

免费

🏠 Pasir Ris Dr 3 🚇 地铁巴西立站（Pasir Ris）

巴西立公园里有一片60 000平方米的红树沼泽地，沼泽地貌被保护得非常好，有着非常丰富的动植物。沼泽地上搭建了一条长长的木质步道，贯穿整片沼泽，非常适合漫步观赏，尤其是这里的鸟种类很多，是一座天然大氧吧。新加坡当地人很喜欢来这里野餐、放风筝。

光明山普觉禅寺
（Kong Meng San Phor Kark See Monastery）

免费

🏠 88 Bright Hill Road 🚇 地铁碧山站（Bishan）下车后，乘410路巴士或52路巴士到碧山站（Bishan Hill Dr） 🌐 www.kmspks.org

光明山普觉禅寺是新加坡面积最大的佛教寺院，1920年由转道法师创办，在当地佛教徒的心目中扮演着独特的角色。多年以来，光明山普觉禅寺一直致力于推广佛教教育，并将佛法与公众的距离拉近，是很多人学佛修行的神圣道场。

创办这座寺庙的转道大和尚是新加坡佛门鼻祖，1920年创办弘法道场，1943年在普陀寺圆寂。转道法师圆寂后，1947年，宏船长老任这里的住持，继承坚韧不拔的精神，把原本地处荒山、人迹罕至的普觉禅寺，发展成今天地位神圣的大刹。1990年，宏船长老圆寂于此，寺院内有纪念宏船长老的大殿。

乌敏岛 免费
（Pulau Ubin）

🏠 Pulau Ubin 🚇 地铁丹娜美拉站（Tanah Merah）EW4 出口搭乘新巴 2 号或 29 号公车至樟宜村（Changi Village）巴士转换站，再步行至樟宜角渡轮码头（Changi Point Ferry Terminal），搭乘约 10~15 分钟的渡船。渡船费用为单程 2.5 新元，上船后把钱直接给船家，船家会等凑够 12 人才开船 🕐 6:00-21:00 💴 租脚踏车大人 5 新元/天、儿童 2 新元/天，专业一些的脚踏车 10 新元/天；海鲜餐厅人均 20 新元
🌐 www.nparks.gov.sg

乌敏岛是一座很小的岛，位于新加坡东北部，东西长 8 千米，南北宽约 1.3 千米，全岛面积 10.2 平方千米。在马来语中，"乌敏"是花岗石的意思，顾名思义，这座岛主要由花岗岩组成。以往人们在这座岛上以采石、种植橡胶园、养虾为主要的经济来源，后来政府规定，严格保护岛上的生态环境，所以今天，岛上完好地保留了原来的自然环境状态，有茂盛的树林、椰林，还有很多过去采石遗留下来的石坑形成的矿湖，而且林中有大量野生的鸟类和猴子。现在岛上的居民不到 100 人，是新加坡最后一座 kampong（村庄）。

居民们还保持着朴实的乡土生活状态，他们主要依靠旅游业为经济来源，因为生态保护得非常好，每天上岛的游客络绎不绝，所以岛上的居民大多经营着租车店、海鲜餐厅。清晨他们坐在树荫下，等待游客上岛后，开始整理店铺准备开张，午后时分就躺在摇椅上，喝着茶，吹着海风，打着瞌睡。这里与市区相距并不遥远，却完全是两种样貌和状态，很难想象从市区出发一个多小时后的

景象会如此充满乡土气息，自然淳朴，清静宜人，美得让人不敢惊动它。

岛上的景点包括：西边的 Jelutong Brigde、Bukit Puaka 和 Ketam，其中 Bukit Puaka 是乌敏岛最高的山，海拔 100 多米，上山的路段是不能骑自行车的，而且山路是泥石路，只能徒步上山，在山上可以俯瞰岛上景色；北侧的 Noordin Campsite 和 Mamam Campsite，前往岛北端需从中间直穿过岛，所以路程比较短，沿路有野生猴子和鸟类的保护区；东侧有著名的仄爪哇湿地保护区（Chek Jawa），湿地面积 1 平方千米，这一区域的地貌丰富，包括沙滩、岩滩、海草泻湖、珊瑚碎片、红树林和滨海森林，还有大量的鸟类和海洋生物，是岛上最值得去的地方，但是因为涨潮、落潮，海滩风景会不相同，如果能赶在退潮的时候来这里，风景会美得让人窒息。仄爪哇湿地有一条长 1.1 千米的观景木栈道和 20 米高的观望台，平时游客可以步行进入观景栈道游览，不可以进入沼泽地内，如果要进入沼泽地，需要提前在新加坡国家公园网站预约，费用为 60 新元，15 人为一队，导游会带领队员深入沼泽地讲解各种生物。

TIPS

岛上有骑行地图。按照西、北、东侧的景点分布，岛上的骑行线路可以分为西线、中线、东线 3 条。相比之下，西线坡度最大，费力些，中线和东线比较平坦，骑行路面起伏不大，而且主要骑行路段也都是沥青路面，所以骑自行车并不费力。骑行道沿路都有明显的指示牌，还有可以休息避雨的凉亭。骑行道虽然铺上沥青，但是并不影响这里的自然风貌，路上全笼罩着浓浓的树荫，非常舒适，几乎晒不到太阳。在乌敏岛上，一天的时间刚好能骑完 3 条线路。

莲山双林禅寺
(Lian Shan Shuang Lin Temple)

免费

🏠 184E Jalan Toa Payoh 🚇 地铁大巴窑站（Toa Payoh）🌐 www.shuanglin.sg

　　莲山双林禅寺，又叫双林寺，创建于1898年，是为纪念佛陀释迦牟尼的诞辰和涅槃而建的，以"双林"代表大乘涅槃之"常乐我净"，以"莲山"表示僧伽丛集如林。

　　双林寺具有浓厚的闽南式传统建筑风格，初建时的古庙按禅宗丛林布局，后修复为完整的佛教丛林建筑，有牌楼、照壁、半月池、山门、天王殿、大雄宝殿、法堂、龙光宝塔。寺前照壁上题有"南无观世音菩萨"七个楷体贴金字。

　　寺庙所在地原本是当地福建华人富商刘金榜所有。这位虔诚的佛教徒因梦启发，遇到一位法师，便捐出土地来修建了这座寺庙。

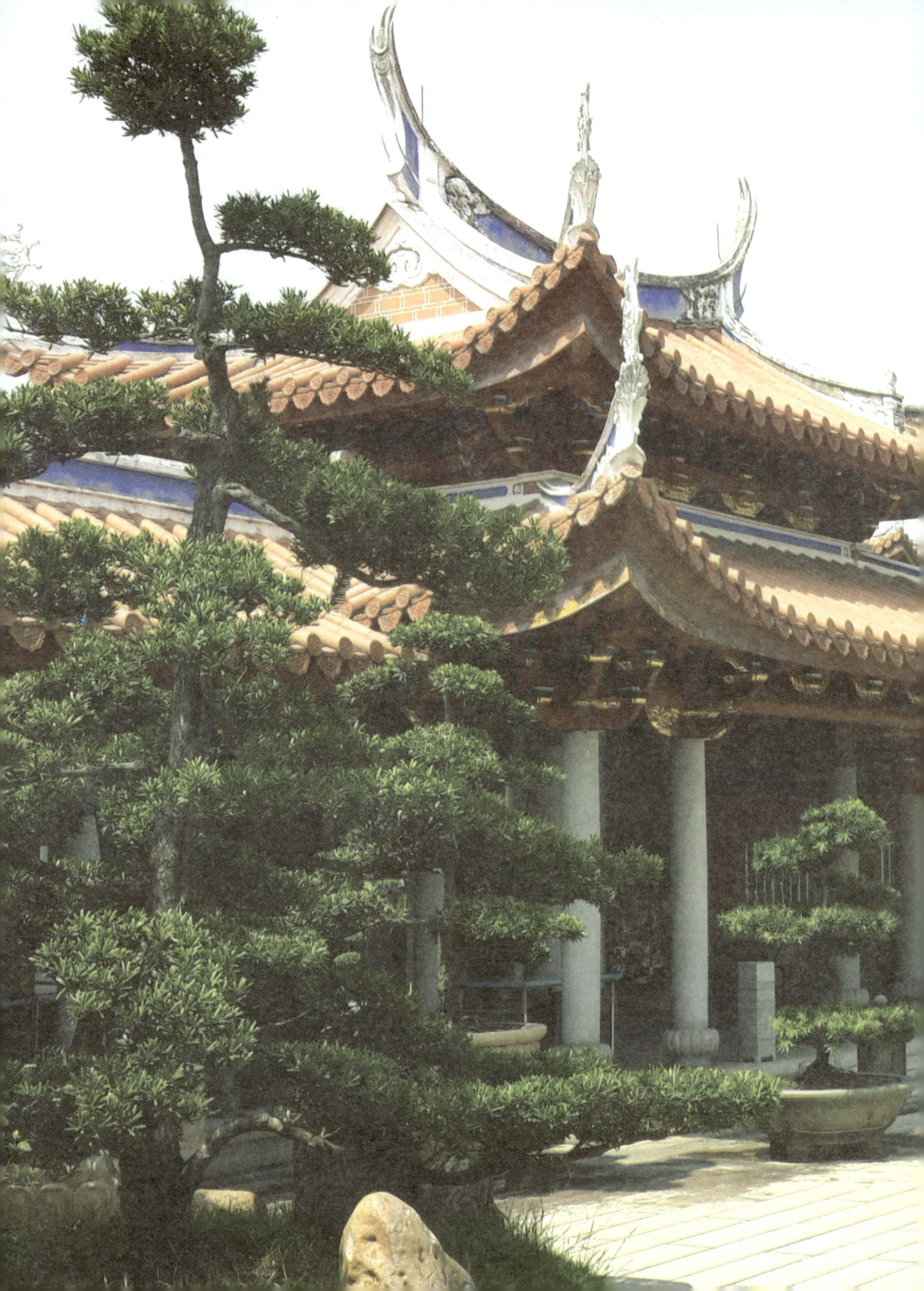

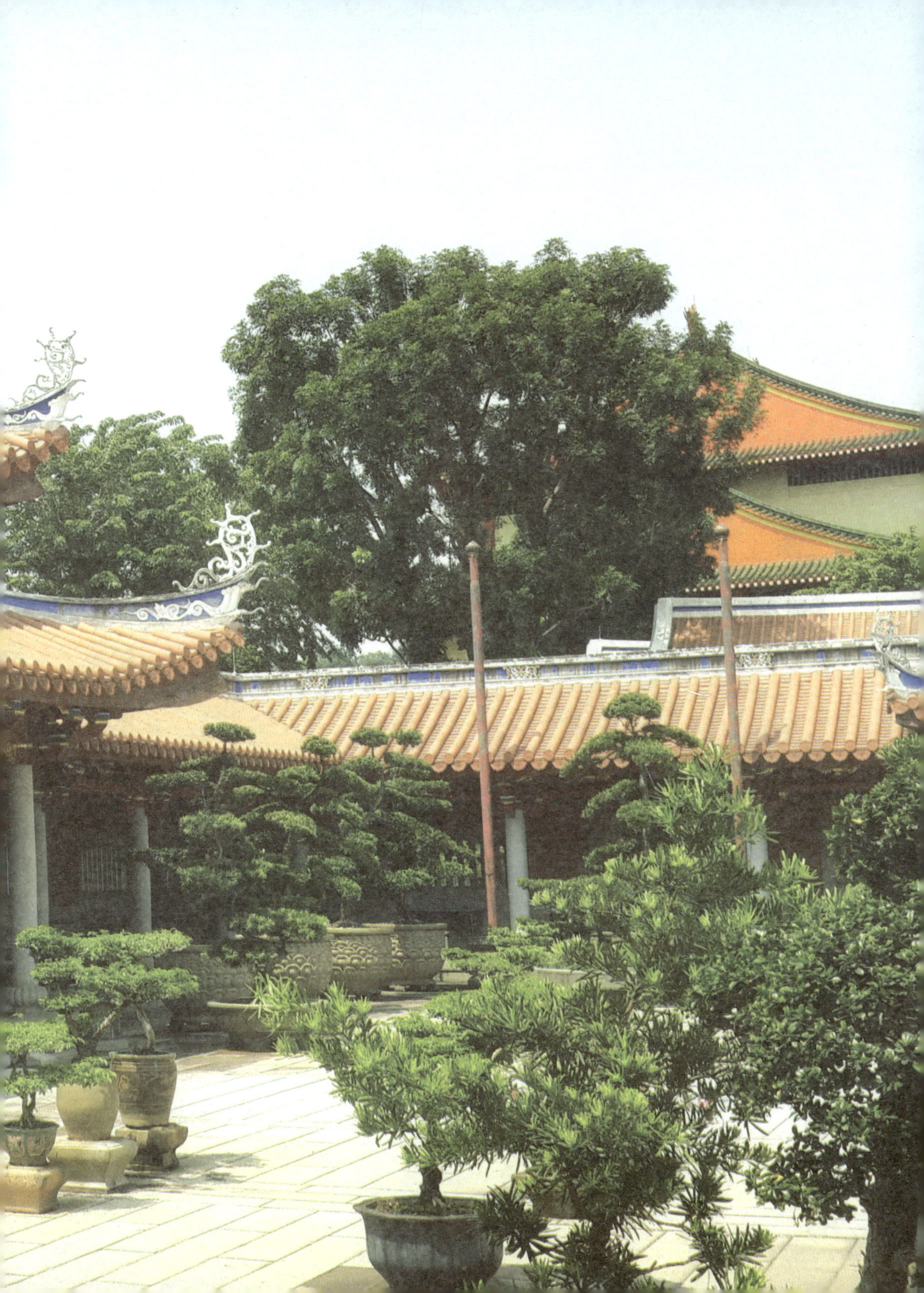

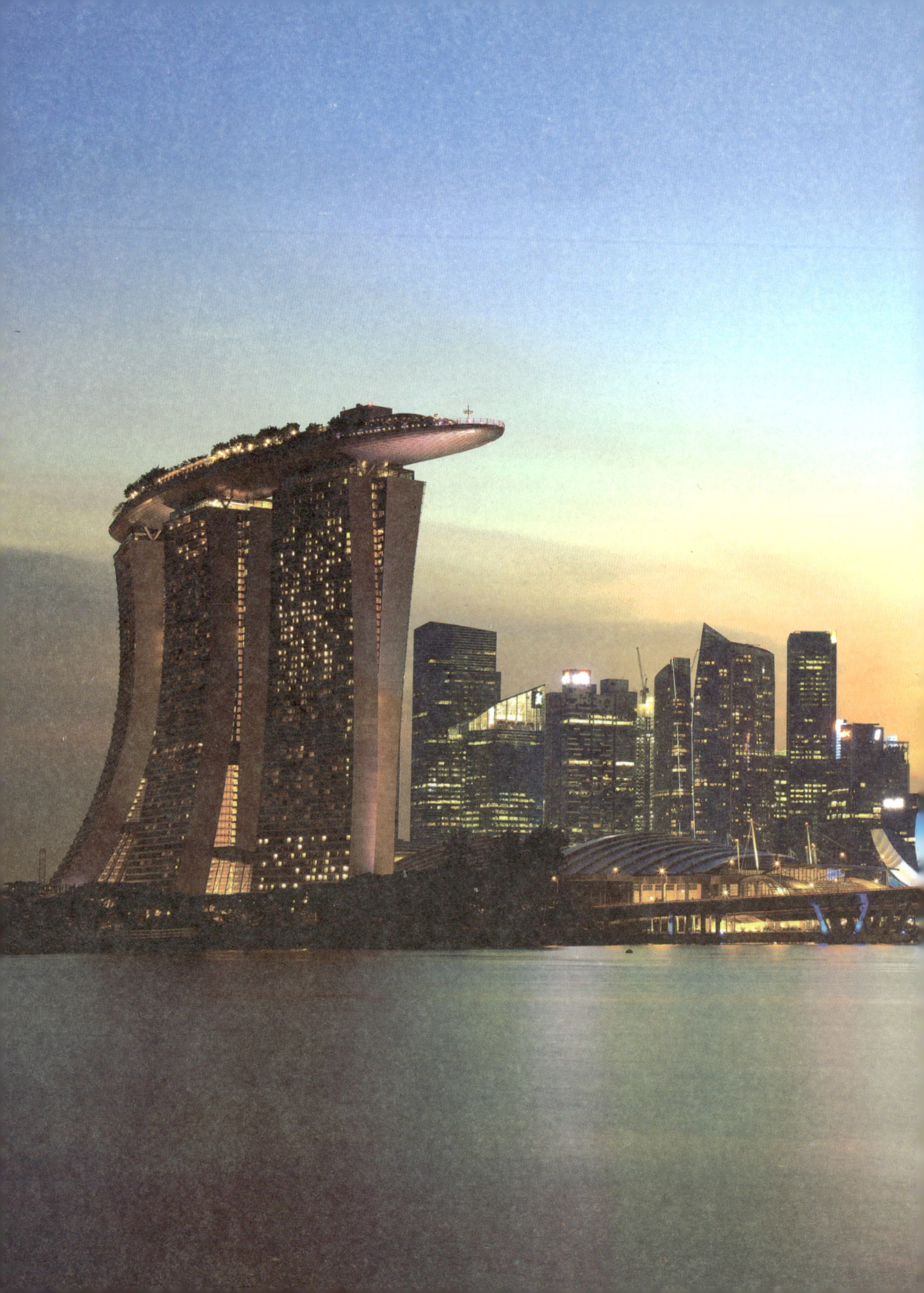

新加坡吃住购

舒服住！好好吃！买买买！

新加坡吃住购

舒服住 COMFORTABLE LIVING

浮尔顿酒店
The Fullerton Hotel Singapore

🏠 1 Fullerton Hotel Square 🚇 地铁莱佛士坊站（Raffles Place） 💰 区域免费开放 🌐 www.fullertonhotels.com

酒店坐落在新加坡河河口，1928年建成后，是当时新加坡最华美、规模最大的建筑，之后就一直见证着新加坡河两岸的世事变迁。今天看过去，那一根根古老的希腊式科林斯柱仍然彰显着曾经的繁华。在这里可以观赏到绝美的滨海湾美景，壮观的天际线完美地呈现在眼前。古典的外部建筑风格，在现代化高楼大厦林立的新加坡河岸，显得安详、威严、优雅。内部精致的设计，则很好地整合了新加坡古今交融的魅力。这里有着顶级的服务，你可以享受到贵宾待遇。

省钱小助手

酒店内区域免费开放，游客可以自由参观。

金沙酒店
Marina Bay Sands

🏠 Marina Bay 🚇 地铁海滨坊站（Bayfront） 💰 无边泳池 6:00-23:00；空中花园观景平台周一至周四 9:30-22:00，周五至周日 9:30-23:00；游船 11:30-20:30；瀑布雨 10:00、13:00、15:00、17:00、20:00、21:30、23:00 💰 无边泳池及空中花园观景台，入口位于酒店1座门口，住店旅客均免费；非入住游客进入空中花园 20 新元；船票 10 新元 🌐 zh.marinabaysands.com

整个金沙酒店区域集漂浮式水晶阁、莲花博物馆、奢侈品名店、超大购物中心、时尚餐厅、影院娱乐、夜总会、赌场、会展中心等于一体，是由拉斯维加斯金沙集团开发的，是世界上最贵的独立赌场建筑，总成本

TIPS

酒店最大的亮点就是57层的空中花园（Sands Sky Park）和那座无边泳池。空中花园的船头是瞭望台、酒吧和餐厅，在观景平台上，整个滨海湾的风景一览无余。

约为80亿新元。

坐落在滨海湾南岸的金沙酒店为该区域的主体建筑，3座高耸入云的大楼托起一座船形的楼顶，从船头到船尾方向依次是1座、2座、3座。酒店最大的亮点就是57层的空中花园（Sands Sky Park）和那座无边泳池。泳池区域仅供入住客人进入。

莱佛士酒店
Raffles Hotel

🏠 1 Beach Road ☎ 0065-63371886
🌐 www.raffles.com

酒店前身建造于1886年，最初的用途就是酒店，所以莱佛士酒店是世界上仅存的几个19世纪旅店之一，这是它最大的魅力。酒店是典型的维多利亚式新古典主义风格建筑，拱廊迂回，环境清雅，在这里下榻过许多显赫人物，像伊丽莎白二世女皇、卓别林、威廉·索莫塞特·毛姆、迈克尔·杰克逊等，这又大大提升了莱佛士酒店的名气和地位。

莱佛士酒店长廊是条购物廊，汇集了众多奢侈、高端品牌，酒店中庭开放式的Long Bar流露着古朴低调的奢华感，彰显出酒店的格调。上午酒店相对清静很多，晚上，会看到Long Bar里一直流传下来的传统，就是客人可以把花生壳直接扔在地上，让20世纪欧洲贵族风格的酒吧有了轻松活跃的气氛，再喝上一杯地道的新加坡司令鸡尾酒，那是只有在这里才可以享受到的惬意。

卧客之家
Woke Home Capsule Hostel

🏠 61 South Bridge Road ☎ 0065-65334418
¥ 40 新元左右

这是新加坡首家胶囊主题旅舍。宿舍内的床位是一个个胶囊盒子，相对开放的宿舍床位有了一些私人空间，每个胶囊舱设计得温馨舒适。

驳船码头五福特威客栈
5 footway.inn Project Boat Quay

🏠 76 Boat Quay ¥ 最低 30 新元左右

这里有双床房间和三床家庭房，提供自助早餐，还有一个小露台，可以看到新加坡的风景。

TIPS

现在著名的鸡尾酒"新加坡司令"，也是1910年在莱佛士酒店的Long Bar里被调制而成的，因此让这座酒店更加风光无限。

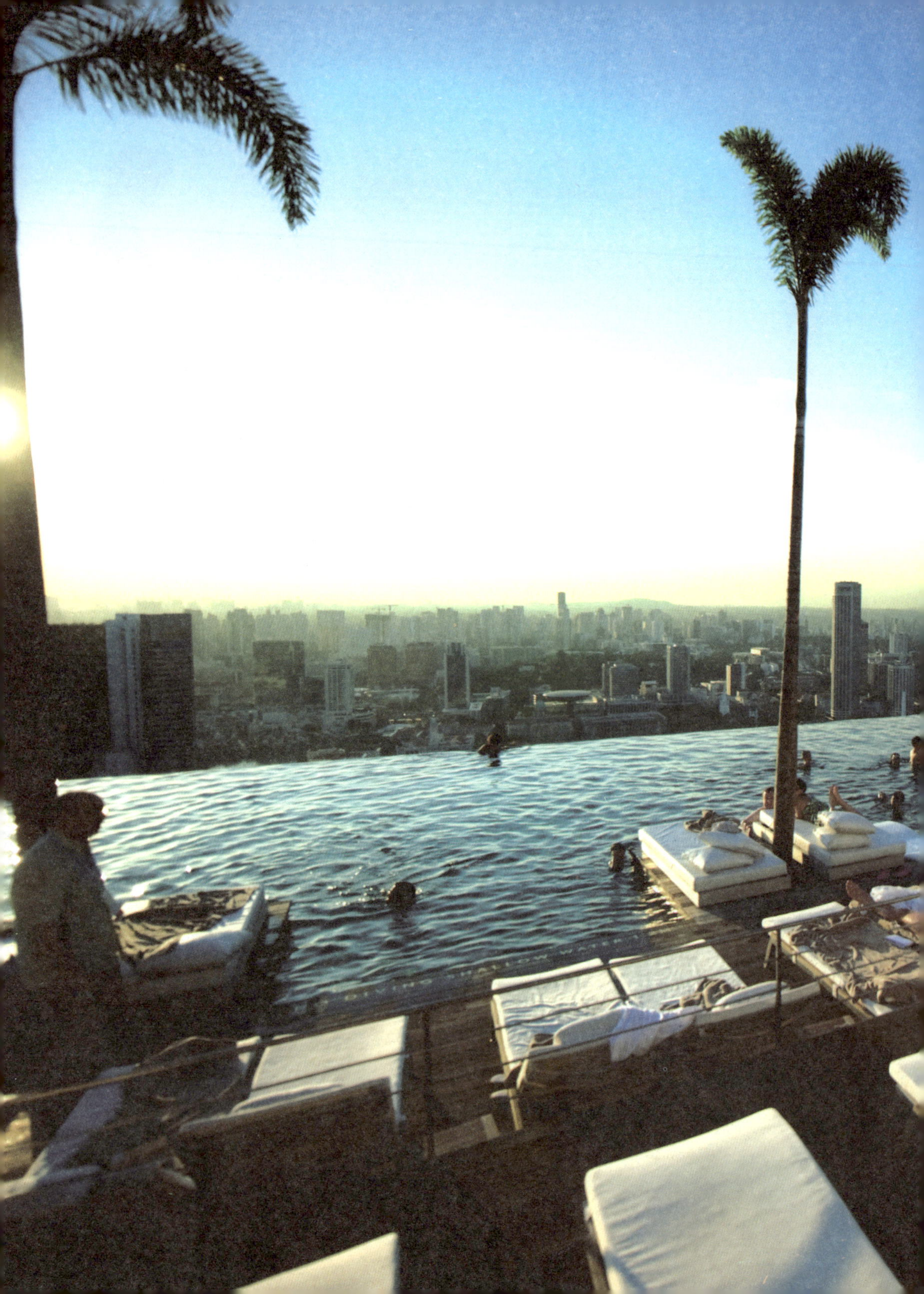

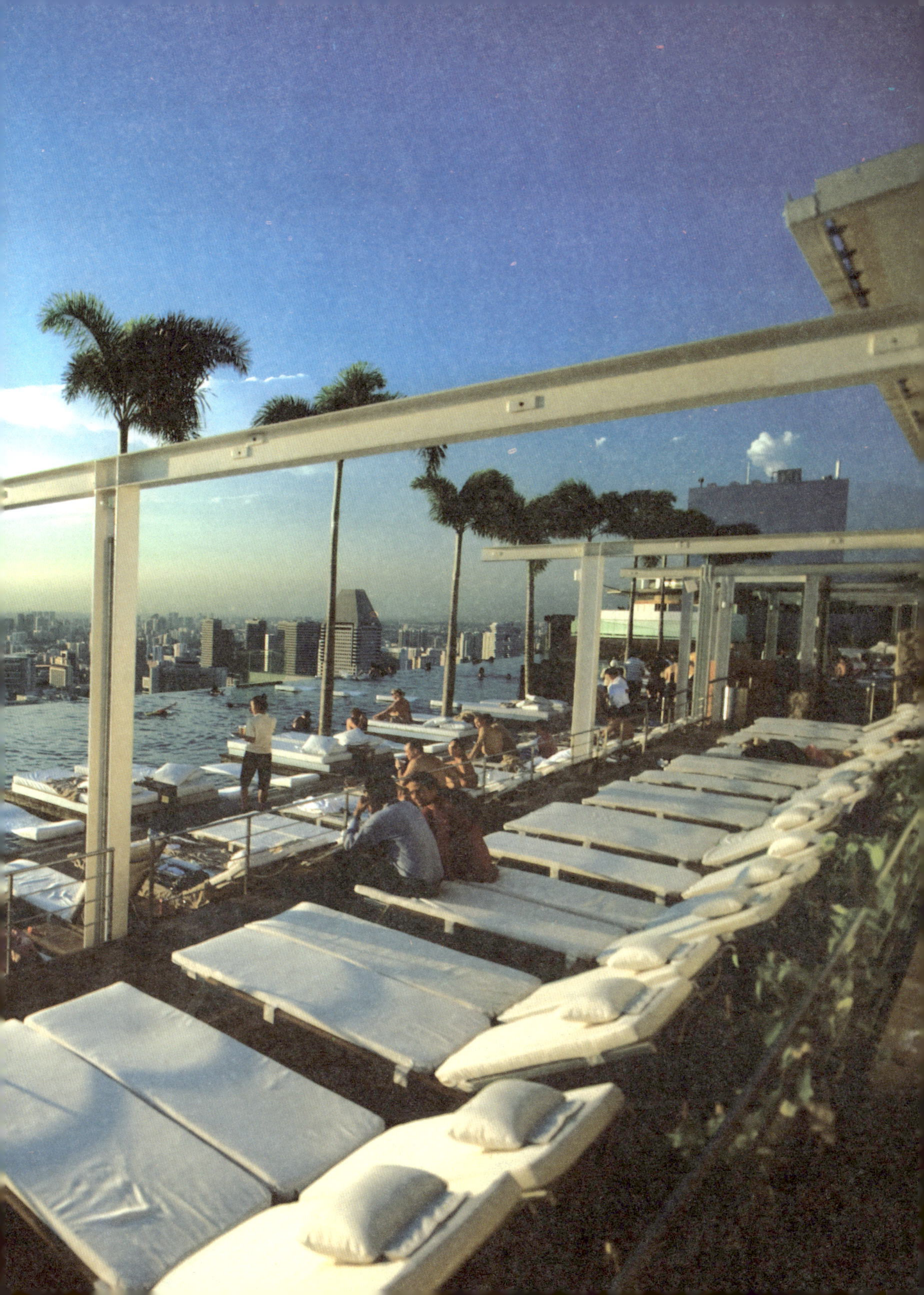

德佑阁楼酒店
Blissful Loft

🏠 33B Hong Kong Street ☎ 0065-65365755
¥ 最低 24 新元左右

这里的主人和蔼，工作人员友好，有 16 个床位的混合宿舍，也有 16 个床位的女生宿舍，另外还有家庭房，提供自助早餐。

River City Inn

🏠 33C Hong Kong Street ☎ 0065-65326091
¥ 最低 24 新元左右

这里干净整洁，有 29 人的混合宿舍、6 人宿舍，还提供各种桌游、影碟，非常适合背包客交流娱乐，提供自助早餐。

城市背包客栈
City Backpackers

🏠 18 Hong Kong Street ☎ 0065-64925204
¥ 最低 22 新元左右

这里是周围背包客栈中环境比较好的一家，里面还有一个小露台，有混合宿舍、双床房间和四床家庭房，提供自助早餐。

清莱巴恩崧翠假日酒店
Prince of Wales Backpacker@Boat Quay

🏠 51 Boat Quay ☎ 0065-65336296
¥ 床位最低价格 20 新元左右

酒店就在新加坡河河畔的驳船码头，楼下就是酒吧、海鲜餐饮街，为 24 床位宿舍，提供自助早餐。

Rucksack Inn@Temple Street

🏠 52 Temple Street ☎ 0065-64385146
¥ 最低 26 新元左右

这是牛车水中心地带的背包客栈，附近是牛车水热闹的街巷，餐饮店铺林立，游客人潮聚集。

牛车水背包客旅馆
Backpackers' Inn Chinatown

🏠 27-30A Mosque Street ☎ 0065-62211239
¥ 最低 25 新元左右

旅馆位于牛车水热闹的中心区域，房间较小，距牛车水地铁站 5 分钟路程。

高文 81
Hotel 81 Kovan

🏠 768 Upper Serangoon Road ☎ 0065-62868181 ¥ 最低 120 新元左右

酒店位于小印度的实龙岗路上，是小印度的中心地带。

三塔小印度大酒店
Santa Grand Little India

🏠 3 Veerasamy Road ☎ 0065-62988889
¥ 最低 110 新元

酒店位于小印度实龙岗路附近的中心区域。

跳棋背包客旅馆
Checkers Backpackers Inn

🏠 46 Campbell Lane ☎ 0065-65114700
¥ 最低 24 新元

这家旅馆是小印度甘贝尔巷里较有名气的背包客栈。

罗菲客栈
Lofi Inn

🏠 43 Dickson Road ☎ 0065-63920224

💰 最低 30 新元

客栈距离地铁小印度站约 10 分钟路程。

足迹旅馆
Footprints Hostel

🏠 25A Perak Road ☎ 0065-62955134

💰 最低 22 新元

这家是小印度区域较便宜的背包客栈。

圣淘沙名胜世界迈克尔酒店
Resorts World Sentosa-Hotel Michael Singapore

🏠 8 Sentosa Gateway ☎ 0065-65778888

💰 700 新元起

迈克尔酒店是美国当代最伟大建筑师之一——迈克尔·格拉夫斯设计的，创意构思令人惊叹，从典雅的外观设计到别具一格的内部饰品用具，都让人仿佛置身艺术画廊，随处可见精美的壁画和艺术感超强的设计。整座酒店艺术气息浓厚，喜好艺术设计的人必定会对这里情有独钟。

Hard Rock 酒店

🏠 8 Sentosa Gateway ☎ 00853-88686688

💰 480 新元起

这是一家极富摇滚风情的酒店，散发着活力和热情。酒店收藏了一批知名艺人的纪念品作为装饰摆设，成为一道吸引人的风景，而且这里距离环球影城非常近。

圣淘沙名胜世界节庆酒店
Resorts World Sentosa- Festive Hotel Singapore

🏠 8 Sentosa Gateway,098271Singapore

☎ 0065-65778888 💰 500 新元起

节庆酒店充满现代感、朝气和活力，住宿环境悠闲轻松，而且有许多家庭房，全家老小都可以住在一起，非常适合家庭出游的客人入住。

康乐福豪华酒店
Crockfords Tower

🏠 39, Artillery Avenue ☎ 0065-65778899

💰 实行会员制，无对外价格

康乐福豪华酒店为全套房酒店，每间套房都有个性化的设计风格，是一座会员制酒店，只有受邀贵宾、会员及会员介绍的朋友才能入住，酒店提供极致奢华的高端服务，包括24小时私人管家服务、24小时客房服务、24小时洗衣服务，内部配备精致高档的餐厅，是新加坡最奢华漂亮的酒店。

圣淘沙名胜世界逸濠酒店
Resorts World Sentosa - Equarius Hotel

🏠 8 Sentosa Gateway, Resorts World

☎ 0065-65778888 💰 500 新元起

逸濠酒店位于圣淘沙岛风景绝佳的海滩之上，毗邻热带雨林而建，宛如世外桃源，享受远离尘嚣的清幽。

圣淘沙名胜世界海滨别墅
Resorts World Sentosa - Beach Villas

🏠 8 Sentosa Gateway, Resorts World

💰 1 200 新元起

海滨别墅位于圣淘沙岛的西侧海滩，一栋栋别墅面水而建，独享私密清幽的碧海蓝天，是最受欢迎的酒店之一，适合商务和休闲旅游的游客入住。

好好吃 IT'S SO DELICIOUS

克拉码头
Clarke Quay

🕐 酒吧餐饮店一般在 16:00 开始营业，最晚的营业到次日凌晨 4:00　💰 克拉码头酒吧人均消费大约 40~200 新元

克拉码头的整个餐饮中心分为 5 个区域，用不同的颜色区分，同一区域的建筑被漆成同一种颜色。人行道上架设了有冷风系统的遮阳篷，走在下面非常舒适。这里的酒吧会想尽办法制造新奇，Crazy Elephant 22:00 会有摇滚、布鲁斯音乐的知名人物现场表演。The Pump Room 的自酿啤酒和澳洲美食也是不可错过的。

驳船码头
Boat Quay

🕐 午餐 11:00-13:00，晚餐 18:00-24:00
💰 驳船码头海鲜餐厅人均消费 40~200 新元

驳船码头除了有很多酒吧，还有很多日本、印度、泰国等国风味的餐厅，但更多的是华人口味的海鲜大排档。店家都把活螃蟹及各种海鲜摆放在街上，有斯里兰卡大螃蟹、阿拉斯加巨蟹及各种超大螃蟹，有的直径甚至能达到半米多，很难不把人吸引过去，而且店家也都会在门口招揽顾客，不过最好先看好门口的菜单和价钱。

驳船码头的海鲜店非常多，而且菜单也非常丰富，口味大多符合华人的饮食习惯，可以放心点餐，也有少量的菜是结合了马来口味的娘惹菜。辣椒螃蟹是来这里一定要吃的，有斯里兰卡巨蟹、阿拉斯加蟹、帝皇蟹、面包蟹、石头蟹等很多种类，还有很多活的虾类、贝类、鱼类等海鲜。

珍宝海鲜楼
Jumbo Seafood Riverside Point

🏠 20 Upper Circular Road, #B1-48,Riverwalk
📞 0065-65323435　🚇 地铁克拉码头站（Clarke Quay）　🕐 午餐 12:00-15:00，晚餐 18:00-24:00　💰 50~80 新元

珍宝海鲜楼创建于 1987 年，是新加坡本地的餐饮集团，在新加坡分布着 7 家分店，其口味结合了香港风味，海鲜种类丰富，应有尽有，喜欢来这里吃海鲜大餐的游客越来越多。位于克拉码头的这家店，因为周围是娱乐区的原因，晚餐时人非常多，整个餐饮区在晚上成为附近灯光最亮的地带。来这里的人基本都是冲着螃蟹而来的，这里的螃蟹代表了新加坡最地道的口味，可以选择辣椒口味或者黑胡椒口味。

点一只辣椒螃蟹，加上脆皮鱿鱼仔、虾酱空心菜，最后再点上一份馒头来蘸辣椒螃蟹的酱汁，配上自己喜欢的饮料，这顿螃蟹大餐一定会让你难忘。由于这里过于出名，来这里吃饭的人很多，天天爆满，如果不提前过来，会等很久才有座位，所以最好提前电话预约。

省钱小助手

如果乘坐的是新航飞机，在珍宝海鲜楼结账时可以询问是否能够打折。

松发肉骨茶
Bak Kut Teh 省钱

¥ 一般小份肉骨茶 6 新元，大份的 8 新元，小菜的价位在 3.5～8 新元之间

　　松发肉骨茶餐室与克拉码头地铁站仅隔一条马路，从驳船码头或者克拉码头出发都可以很容易地走到。这里的肉骨茶种类很多，有肋骨、龙骨、猪尾的，还有鱼片汤、猪髓汤、腰片汤等，通常会再搭配他们的小菜、青菜一起点来吃，比如，白灼青菜、卤制的肉类还有小咸菜等。肉骨茶的汤头加了多种中药香料，比较浓郁，喝完了店员会帮你添加。新加坡的肉骨茶分两种，广州口味的会比较清淡，汤也清透些；福建口味的因为添加酱油，会比较浓香一些。

老巴刹
Lau Pa Sat 省钱

🏠 Robinsion Road 与 Boon Tat Street 交会处　🚇 地铁莱佛士坊站（Raffles Place）F 出口
🕘 8:00-22:00　🌐 www.laupasat.biz

　　老巴刹建于 1894 年，是东南亚现存最大的维多利亚时期的铸铁建筑。"巴刹"在马来语中是市场的意思，很早之前，这里就是一处菜市场，流动的小贩推着车游走在熙攘的人群中，是过去的场景写照。现在，这里汇集了中国地方特色美食、娘惹美食、沙嗲、日餐、韩餐、印度美食等餐饮摊位，种类非常丰富，还有各种果汁饮品，价格比其他地方更加便宜。

亚坤咖椰吐司早餐店
Ya Kun Kaya Toast 省钱

🏠 18 China Street　🚇 地铁牛车水站（China Town）莱佛士坊站（Raffles Place）下车
🕘 7:00-19:00　¥ 4.5～6.5 新元　🌐 www.yakun.com.sg

　　咖椰吐司早餐是新加坡最传统的早餐美食，是融合了华人口味和当地材料而成的特色食物。一般一份地道的亚坤早餐要点咖椰酱吐司、半熟蛋、浓咖啡或者浓拉茶。吐司是去了边儿、加了美禄烤成的，松松脆脆的，咬下去咔咔作响，夹着的咖椰酱和黄油，味道香甜，黄油的奶香味在口腔中扩散后更增加了咖椰酱的浓郁，搭配得十分合理，再喝一口浓咖啡，淡淡的苦味又让咖椰吐司的香甜回味无穷。半熟蛋中加入酱油和白胡椒粉，用小勺搅动几下，直接喝下，入口顺滑，几种东西搭配在一起的味道让人十分难忘。

　　这家位于牛车水区域附近的老店，是亚坤咖椰吐司早餐店的总店，从 1944 年营业至今。现在新加坡遍布亚坤咖椰吐司早餐店，很容易找到，在新加坡美好的一天常常是从亚坤开始的！

TIPS

亚坤咖椰吐司早餐店是全天营业的，不是只有早餐，除了早餐时间之外，下午过去，坐在老店屋外的遮阳伞下喝个下午茶也是很享受的。喜欢这个味道的话，店里有玻璃瓶包装的咖椰酱，可以买了带走。

东兴饼铺
Tong Heng 省钱

🏠 285 South Bridge Road 💰 低于 50 新元

这是一家深受几代华人喜爱的糕点店，店里最有名的是菱形的蛋挞，还有很多种豆饼，比如红豆酥、绿豆酥等，杏仁糊也很不错，这里有几张桌子，可以在这里吃，也可以外带。

大同饼家
Tai Thong Cake Shop 省钱

🏠 35 Mosque Street 💰 最低 30 新元左右

这里最有名的是月饼，尤其是中秋时，华人都会来这里买月饼。

大中国饼家
Tai Chong Kok 省钱

🏠 34 Sago Street 💰 平均最低 50 新元

这里有各式各样的千层酥、糯米糕，有的包装很精美，看起来是专门为游客购买礼物准备的。

大东酒楼
Da Dong Restaurant

🏠 39 Smith Street 💰 平均消费 150 新元

这是牛车水的老字号酒楼了，菜式是粤菜，有很多特色招牌菜，墙上挂着很多来这里吃过饭的名人照片，口味很有保障。

咏春园
Spring Court 省钱

🏠 52 to 56 Upper Cross Street 💰 平均消费 35 新元左右

这是家传统中餐馆，在牛车水也很有名气，最出名的菜是虾蓉烤鸡、鸡肝炒螃蟹等。

Tepak Sireh 省钱

🏠 85 Sultan Gate

🚇 地铁武吉氏站（Bugis） 💰 20 新元 🌐 www.tepaksireh.com.sg

Tepak Sireh 是一家东南亚美食料理餐厅，深黄色的建筑，颜色十分鲜艳，在周围显得很抢眼，被叫作黄色豪宅，会让人顿觉这座建筑来头不小。没错，这里曾经也是马来苏丹贵族的住所。曾经的贵族辉煌，早已沧海桑田，今天这里是一家自助式餐厅，主要提供是马来、爪哇和新加坡当地的美食。餐厅就位于马来文化馆的大门外，在看完马来文化馆，领略马来历史文化后，直接到这间餐厅吃传统马来美食，恰到好处。

福同兴餐室
Fu Hing Dining Room 省钱

🏠 49 East Coast Road 🚇 地铁巴耶利巴站（Paya Lebar） 🕘 9:00-21:00 💰 6 新元

叻沙（Laksa）是娘惹菜的代表美食，是到新加坡一定要吃的。汤头用咖喱混合椰浆熬制而成，口味兼有甜、咸、辣，再加上米粉，搭配油豆腐、鱼丸、虾仁、豆芽，就是一碗料足味美的叻沙了。

TIPS

东海岸聚居着大量土生华人，所以做叻沙的店除了这家福同兴外还有很多，不过这家的叻沙是以料足出名的，很多人不惜在这里排队等位。

金珠厨艺馆
Jinzhu Culinary Museum

🏠 109 East Coast Road 🚇 地铁巴耶利巴站（Paya Lebar）🕐 10:00-22:00 💴 20~80新元

金珠厨艺馆是以手工制作的娘惹粽子出名的，现在是家地道的土生华人菜肴餐馆，这也是土生华人的重要文化遗产。招牌菜肴包括干辣焖牛肉（Beef Rendang）、炸鸡（Ayam Goreng）、娘惹卤肉（Babi Pongteh）和莲白卷，当然还有他们出名的娘惹粽子。每年端午节前，店里的娘惹粽子非常受欢迎，时常被抢购一空。

在餐馆中，可以看到各种土生华人古董，包括新加坡最丰富的一组华人瓷盘藏品，还能现场观摩土生华人手工艺品的制作。吃着美味娘惹菜，再看看土生华人留下的珍贵物品，土生华人的生活似乎与我们更加紧密了。

东海岸海鲜中心 *省钱*
East Coast Seafood Center

🏠 East Coast Parkway Seafood Centre 🕐 15:00-24:00 💴 10~40新元

东海岸海鲜中心的餐馆很多，沿堤而行，你会看到这里汇聚了多家海鲜名店，这里的海货丰富新鲜，价格也相对便宜些，不光是游客必去的地方，也是当地人经常去的地方。白天在水上乐园疯狂玩水，累了在公园漫步放松，晚上再去海鲜中心，点一只辣椒螃蟹，坐在露天餐位，吹着海风，惬意无比，逍遥自在。

娘惹餐厅 *省钱*
Chilli Padi

🏠 11 Joo Chiat Place #01-03 Singapore 🚇 地铁巴耶利巴站（Paya Lebar）🕐 午餐 11:00-14:00，晚餐 17:00-22:00 💴 10~30新元 🌐 www.chillipadi.com.sg

这间娘惹餐厅是新加坡大受欢迎的土生华人餐馆之一，曾经赢得了《新加坡餐饮月刊》的盛赞。这里的招牌菜有白菜卷、咖喱鱼头、辣味叁峇煎、苦味黑果焖鸡。如果选择吃娘惹大餐，可以到这里。

L'Atelier de Joël Robuchon

🏠 圣淘沙名胜世界 🕐 晚上 18:00-22:30，周末午餐 11:30-14:00 📞 0065-65777888 💴 平均 100 新元

2012 年、2013 年连续两年获得"最佳用餐体验奖"的 L'Atelier de Joël Robuchon 餐厅，以开放式概念著称。厨房和就餐区仅有一条吧台间隔，客人可以亲眼见证大厨烹调制作佳肴，观察大厨工作就像观看一场戏剧表演，会是一种全新的用餐体验。

新加坡海鲜共和国
Singapore Seafood Republic

🏠 圣淘沙名胜世界娱乐城 🕐 11:30-15:00，18:00-23:00 📞 0065-62656777 💴 40~100新元

圣淘沙名胜世界海鲜共和国被称为海鲜胜地，汇聚了新加坡四大海鲜餐馆：Palm Beach Seafood（棕榈滩）、International Seafood（国际海鲜）、Tung Lok（同乐）、Jumbo Seafood（珍宝海鲜）。在这里可以一站品尝四大海鲜餐馆的招牌菜。

滋味海鲜屋
Fish & Crab Shack

🏠 圣淘沙海洋馆海底世界出口 🕐 10:00-20:00
💰 10~20 新元

这家店位于海洋馆海底世界的出口，是速食快餐吧。从海底世界出来饿了，可以在这里补充能量。相对于其他餐厅，这里既便宜又好吃。

"森" 概念餐馆
Forest

🏠 逸濠酒店大堂 🕐 早餐 7:30-10:30，午餐 12:00-14:30，晚餐 18:00-22:30，周日午餐 12:00-15:00 ☎ 0065-65776788 💰 每日自助早餐成人 28 新元起、儿童 14 新元起

Forest 是由新加坡名厨与圣淘沙名胜世界联手打造的概念餐厅，重塑了中式精致美食艺术，用大胆的手法演绎了中餐新主张。强烈推荐餐厅的 8 道菜或 10 道菜的套餐菜单，因为每道菜都比前一道更为大胆创新。

风水廷
Feng Shui Inn

🏠 康乐福豪华酒店 G2 层 🕐 午餐 11:30-15:00，下午茶 15:00-17:30，晚餐 17:30-23:00，宵夜 23:00 至次日 3:45 ☎ 0065-65776788 💰 平均 70 新元

风水廷经营由资深香港厨师制作的地道精致的广东美食，散发着低调的优雅和奢华。

海之味
Ocean Restaurant by Cat Cora

🏠 圣淘沙名胜世界海洋馆内 🕐 午餐 11:30-14:30，下午茶 14:30-17:30，晚餐 17:30-22:30 ☎ 0065-65776788 💰 平均 100 新元

海之味是由圣淘沙名胜世界与新加坡名厨中唯一的女性名厨 Cat Cora 共同打造的高档餐厅，配合海洋馆的概念，这里仅提供可持续的海产品，以保护海洋生态环境。值得推荐的特色菜有开胃菜 48℃真空烹帝王三文鱼配鱼子酱、杏仁碎、番茄冻与水芹，主菜萨摩甜椒酱煎北极鲑配柠檬粗麦饭及芫荽。

马来西亚美食街
Malaysian Food Street

🏠 圣淘沙名胜世界内圆形广场 🕐 周一、周二、周四 11:00-22:00，周三休息，周五、周六 9:00-23:00，周日 9:00-22:00

美食街位于世界顶级游乐场内，在这里品尝马来西亚最著名的街边小贩美食，完全是另一种幸福体验。在这里可以品尝到椰浆饭、槟城福建虾面、巴生肉骨茶等特色小吃。

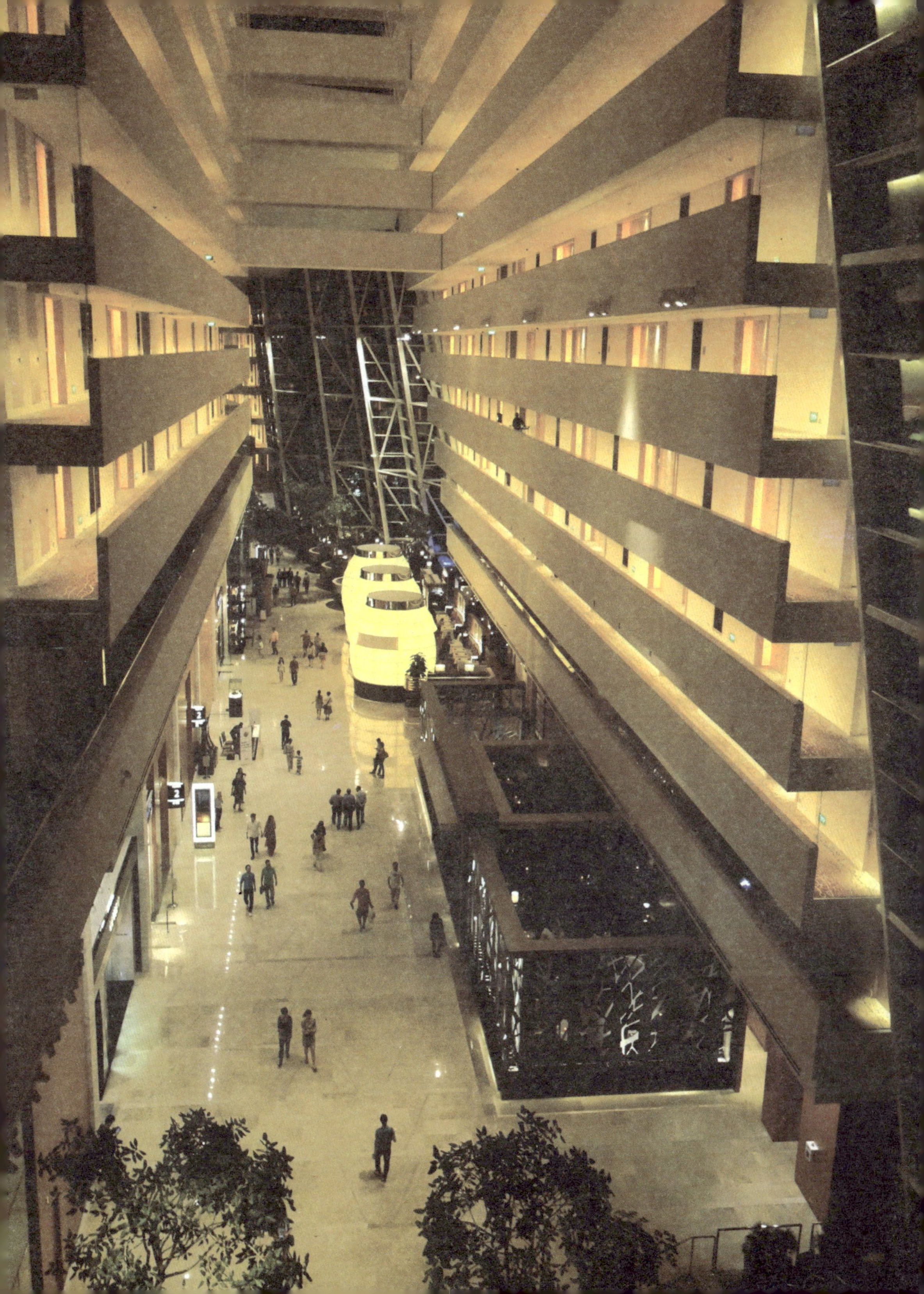

买买买 BUY TO BUY

金沙购物中心
The Shoppes at Marina Bay Sands

🏠 Marina Bay　🚇 地铁海滨坊站（Bayfront）
🕐 周五至周日 9:30-23:00，游船 11:30-20:30，瀑布雨 10:00、13:00、15:00、17:00、20:00、21:30、23:00

这座购物中心汇集了300多家名店和餐饮店铺，是购物者的天堂，也是闲逛的好去处。亚洲最大的LV旗舰店，就在购物中心广场的水晶平台上，而LV旗舰店旁边就是莲花造型的艺术科学博物馆。金沙购物中心除了高端品牌之外，还有大量的中档品牌和商品，也有很多店家推出打折活动，店铺的设计陈列也都非常抢眼。

商场的地下一层，还有一条"河"，贯穿整个购物城，河道上有游船可以乘坐。乘着河道的舢板游船，可以欣赏两岸摩登时尚的街区。不过乘坐舢板游船，除了悠闲地欣赏两岸繁华的商业街区之外，最有趣的地方是，在河上可以感受瀑布雨。河道的一端有一个喷泉池，上方的天窗像一个大漏斗，是瀑布雨流下来的装置，打开的时候，水呈螺旋状搅着漩涡倾泻而下，形成非常漂亮的螺旋瀑布。船夫会根据乘客要求尽可能划近瀑布，不过小心被淋湿。

TIPS
坐游船，在船夫的缓慢摆桨下，悠然地前行，欣赏两边缤纷的店铺，会有与众不同的感受。

新达城
Suntec City Mall

🏠 City Hall-3 Temasek Boulevard
🚇 地铁政府大厦站（City Hall）或者宝门廊站（Promenade）　🕐 9:00-12:00，14:00-18:00，19:00-19:45，21:30-22:00
🌐 www.suntsccity.com.sg

新达城购物中心1994年开业，一共包括5栋办公大楼，购物娱乐区域是在大楼的1—4层。走进购物中心很容易迷路，里面很大而且错综复杂，共分为四个区域：高端品牌的走廊区（Galleria）、时尚潮流的热带区（Tropics）、喷泉平台餐饮区（Fountain Terrace）以及汇集了影院、健身和游乐的娱乐区（Entertainment Centre）。

新达城之所以成为知名景点，除了是大型的购物中心之外，还因为它是根据中国的风水原理而建的，5栋高耸的大楼呈圆形排列，一栋18层，另外4栋45层，是左手的5根手指，而喷泉就在掌心的位置，这喻示着财富，也被叫作财富喷泉。这里的财富喷泉，1998年曾经被列入《吉尼斯世界纪录》，为当时全球最大的喷泉。

TIPS
因为这里建造的风水原因，据说绕喷泉走一圈，摸一下财富喷泉，可以祈求好运、获得财富。而且每晚20:00会有喷泉秀，可以在观赏平台观看。

美年径
Millenia Walk

🏠 9 Raffles Boulevard 🚇 地铁滨海中心站（Esplanade） 🕙 10:00-22:00 🌐 www.milleniawalk.com

这座商场是由普利兹克建筑大奖获得者菲利普·约翰逊（Philip Johnson）设计的，屋顶15座一字排开的金字塔造型，让整体空间宽敞，内部光线舒适。这座建筑本就可以当作一件艺术品来欣赏。这里有大牌生活用品店铺入驻，如Hrvey Norman，还有亚洲最大的手表艺廊——Cortina Watch Espace，以及很多服装高端品牌精品店，无不彰显着生活的品位。商场外有一条长280米的美食街，而且这里有新加坡第一家酿酒餐厅Paulaner Brauhaus，自酿的慕尼黑啤酒很值得一试。

滨海广场
Mandarin Square

🏠 Mandarin Square 🚇 地铁滨海中心站（Esplanade） 🕙 10:00-22:00 🌐 www.marinasquare.com.sg

新加坡最大的购物娱乐中心——滨海广场，是一处综合娱乐购物区，这一区域里，集中了三家五星级的酒店，分别是滨华大酒店（Marina Mandarin Hotel）、文华东方酒店（Mandarin Oriental）和泛太平洋酒店（Pan Pacific）。购物城也汇集了世界主要国家和地区的美食，更有顶级的休闲娱乐场所，也有一些非常有特色的店铺，比如，可以自己制作奶茶、巧克力的小店，以及吸引小朋友和女孩子的玩偶店。

狮城大厦
Plaza Singapura

🏠 68 Orchard Road 🚇 地铁多美歌站（Dhoby Ghaut）C出口 🕙 10:00-22:00 🌐 www.plazasingapura.com.sg

狮城大厦的商品种类齐全，是新加坡最受欢迎的购物中心，基本上可以一站式全部采购全，所以这里会挤满儿童、年轻人、老人，是个适合大众日常消费和休闲的地方。

省钱小助手
当地人都喜欢在狮城大厦购买生活所需品，因为这里的价格非常平易近人。

莱佛士城
Raffles City Shopping Centre

🏠 252 North Bridge Road 🚇 地铁莱佛士城站（Raffles Place） 🕙 10:00-21:30 🌐 www.rafflescity.com.sg

莱佛士城临近殖民区的各个历史景点，处于整个旅游区域的中心地带，位置极其优越。这座用莱佛士名字命名的购物中心，是高端消费者的购物天堂，有Omega、Thomas Sabo、Cortefiel和Tommy Hilfiger等高级品牌，还有许多大型连锁百货商店，如Marks & Spencers和Robinsons，以及时装店，如Topshop、River Island和Skyla。商场内也有许多顶级餐厅，比如Brozeit、Equinox。

省钱小助手
这里与其他购物中心的区别在于优雅的休闲、购物、就餐环境，单从吃饭的选择讲，非常适合午餐或晚餐。而且这里会不定期举行针对游客的优惠和促销活动。

超惠游 新加坡

城联广场
CityLink Mall

🏠 1 Raffles Link 🚇 地铁政府大厦站（City Hall） 🕙 10:00-21:00 💻 www.citylinkmall.com

新加坡最大地下商城——城联广场，与其说是一个购物广场，不如说是一座超大规模的地下商业街，联结了政府大厦、莱佛士城、新达城、滨海艺术中心、滨海广场这几处著名的购物休闲中心，在地下形成了一座城。

广场里面汇集了大众餐饮、特色小店、服装饰品、美发美甲等大量中档消费店铺，且十分密集。作为从行政区穿梭到滨海湾的首选通道，这里人流涌动，不光可以满足"血拼"一族的购物欲望，还可以躲过烈日高温穿梭马路的痛苦，到达几座大型购物广场。

TIPS
如果有购物行程，到达行政区任何一处大型购物中心后，便可以利用城联广场轻易穿梭。只是地下城错综复杂，很容易迷路，要看清楚指示标识。

牛车水大厦
Chinatown Complex

🏠 335 Smith Street 🚇 地铁牛车水站（China Town） 🕙 10:00-21:00

牛车水大厦是1972年在硕莪巷的殡仪馆旧址上建成的。商场内商品种类齐全，服务于大众生活，有价格低廉的电子产品、纺织品、打折化妆品和服装饰品，也有料理配料、肉禽菜类、日常生活用品等。

省钱小助手
二楼有众多地道的小吃，也成为被众多人认可的美食中心，有很多本地人都会来这里吃饭，既经济实惠，味道也不错，通常很多摊位前都会排起长队。

白沙浮商业城
Bugis Junction

🏠 200 Victoria Street 🚇 地铁武吉氏站（Bugis） 🕙 10:00-22:00 💻 www.bugisjunction-mall.com.sg

白沙浮商业中心一部分是传统商场，一部分是露天购物区，有传统的露天餐饮小吃区和传统街头商场店铺，还有新兴的零售商家，整个购物街用玻璃顶覆盖。

在白沙浮商业城能找到很多知名品牌，如BHG、FoodJunction、Topshop、纪伊国屋书店（Kinokuniya）、Converse、Everlast、Watsons、Cotton On等。商业城地上四层，地下一层，货品非常丰富，而且就位于武吉士地铁站之上，交通非常便利，是热闹的街头型购物中心。

唐城坊
Chinatown Point

🏠 133 New Bridge Road 🚇 地铁牛车水站（China Town）

唐城坊在牛车水的克罗士街上，如螺旋形状的建筑，奇妙的是，这里会让游客乘电梯直接到楼顶，然后往下逛，不用走楼梯，从上面下来能逛遍整个商场。唐城坊是一座充满中国文化与传统色彩的商城，在这里你能买到钟表、珠宝、服饰、字画、茶具、陶瓷、木雕、玉石、刺绣等，商品非常丰富。

珍珠坊
People's Park Complex

🏠 1 Park Road 🚇 地铁牛车水站（China Town）🕙 10:00-21:00

珍珠坊是在20世纪70年代建成的，是当时新加坡的著名地标，虽然现在已经不太起眼，但曾经是红极一时。楼体占地10 000平方米，楼高31层，楼身比较薄，是根据"空中街道"的想法建造的，珍珠坊的建造开创了集住宅、办公室、商家和店铺于一体的先河。

省钱小助手
珍珠坊是一个物美价廉且种类丰富的商场，有各种价格合理的中国商品，如丝绸、油纸伞、瓷器、药材、珠宝、日用品、电器、服饰、化妆品等。

武吉士村
Bugis Village

🏠 151 Rochor Road
🚇 地铁武吉氏站（Bugis）🕙 10:00-23:00

这里的传统商场，店铺货品包括服装、鞋帽、配饰等，种类繁多，做工一般，但是款式大多都是韩国、日本、中国台湾等国家和地区的流行种类。

省钱小助手
武吉士村的商品价格便宜，很多年轻人在这里逛街购物，买东西可以试着杀价。

TIPS
这里的店铺摊位大多不能刷卡，只接受现金，所以来这里购物逛街要准备好现金。

城市广场购物中心
City Square Mall

🏠 180 Kitchener Road 🚇 地铁花拉公园站（Farrer Park）🕙 10:00-22:00

城市广场购物中心位于实龙岗路和基奇纳路的交会处，以精品服饰、健康休闲用品、数码产品为主。整个商场都是以环保材料建造而成的，屋顶就是太阳能天窗，这使得整个购物中心的格调、定位较高，倡导人们绿色消费，健康环保。

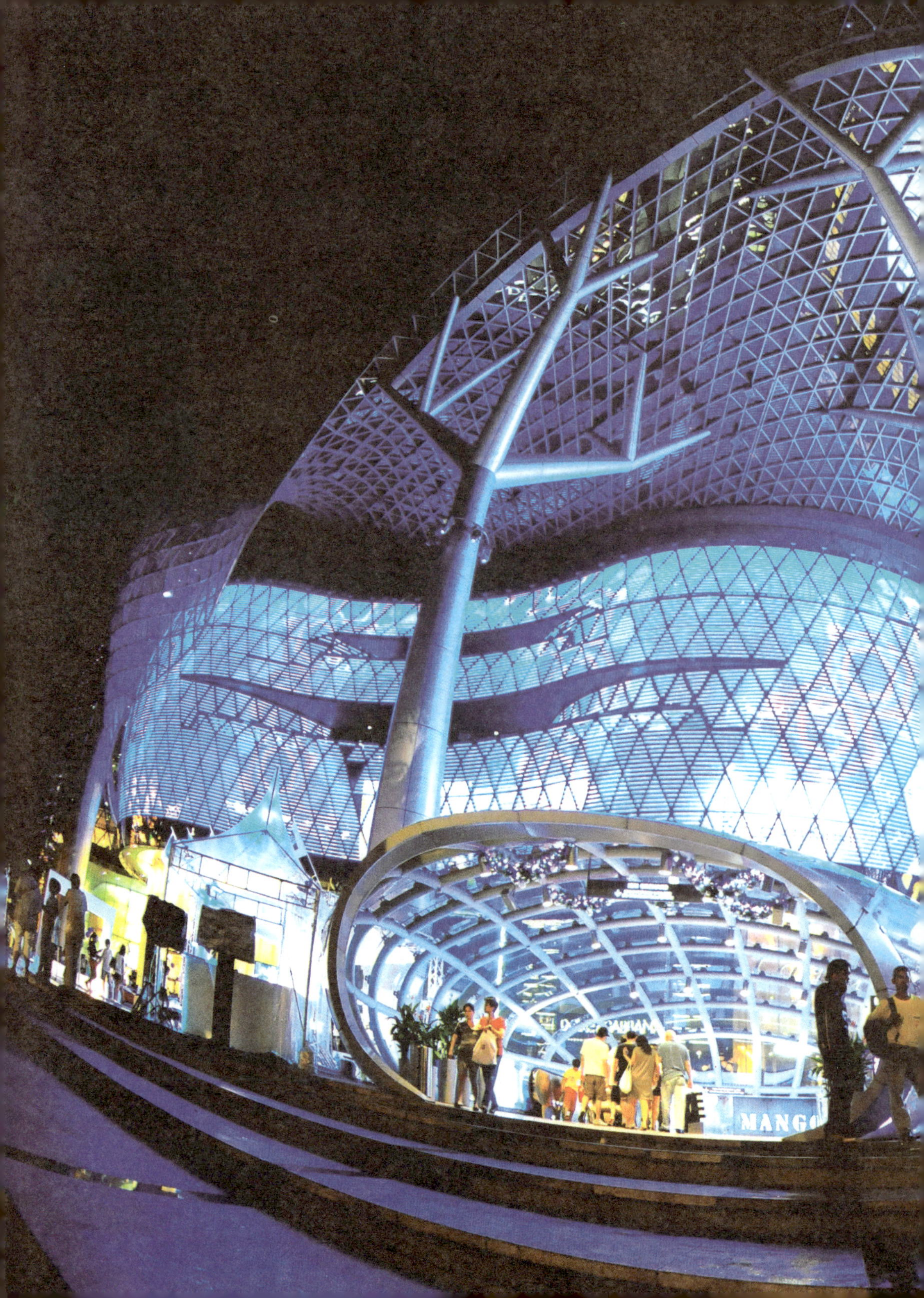

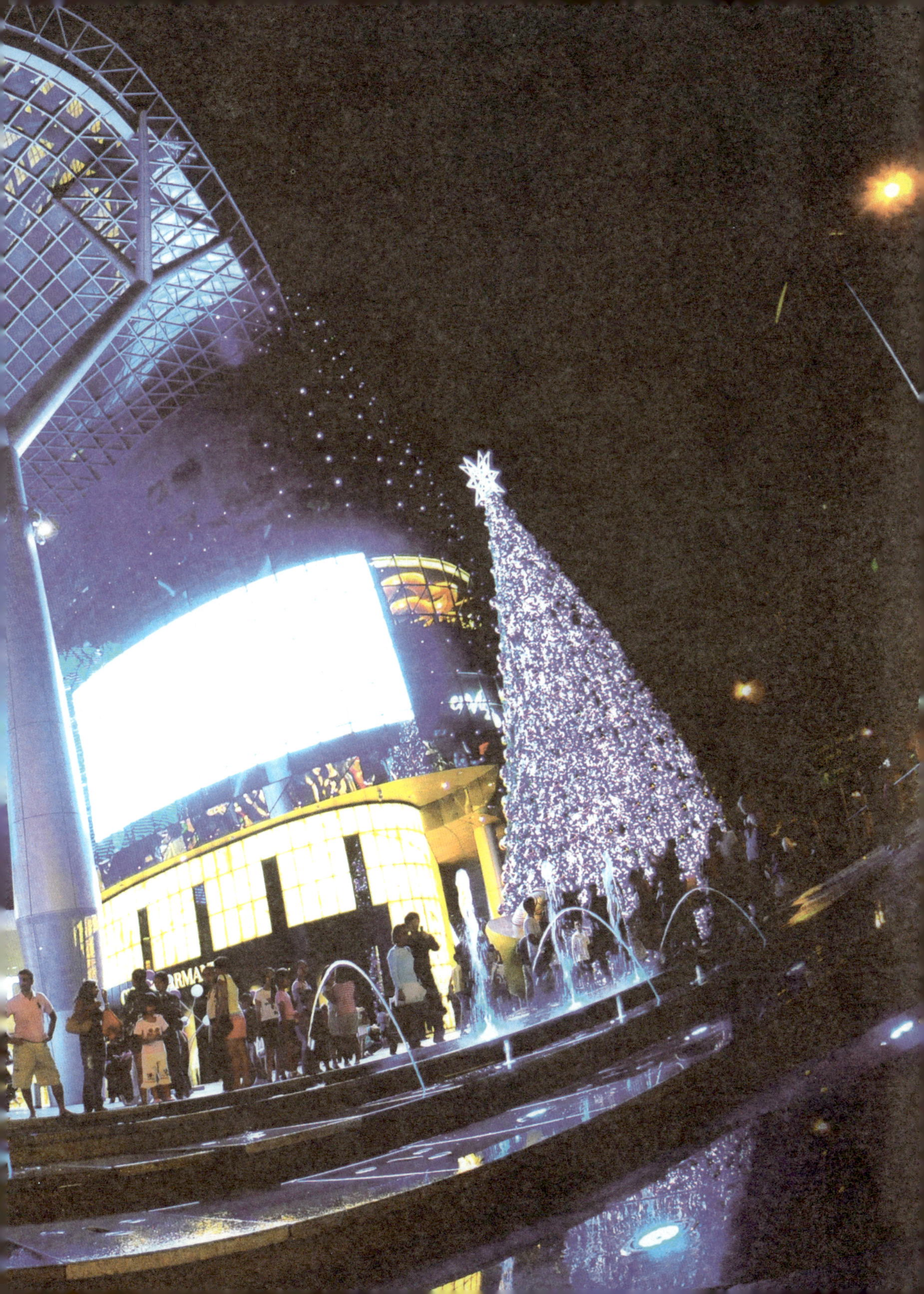

Iluma

21 Victoria Street 地铁武吉氏站（Bugis）

Iluma 从 2009 年项目开始之初，就定位在艺术、教育、娱乐相结合的职能上，担负着白沙浮商业区重要的吸引人潮的作用。

由于商城定位在吸引 20—30 岁的年轻族群，故建筑富有前卫艺术气息，在整个街区都非常显眼。外体波浪起伏的墙壁，布满水晶网媒体墙面，白天看，就像一个发出光芒的宝石，晚上，隐藏在网格内部的灯被点亮，水晶网格会亮起炫目的灯光，非常夺目梦幻。内部线性体块和曲线雕塑造型体块两种建筑设计搭配，充满勃勃生机。Iluma 在整体营造出的氛围上、进驻店家的选择上，都有着一种新奇的生命力。这里有一家综合游乐场 Tornado，很适合年轻人放松娱乐。

森林大厦
Sim Lim Tower

1 Rochor Road 地铁武吉氏站（Bugis） 10:00-21:00

这里是新加坡规模最大、产品最全的数码产品销售中心，不过这里数码产品的价格并不具有优势，如果是急需的数码配件可以来这里购买，因为货品种类比较齐全，如果专门要选购较为贵重的数码产品，还是选择有价格优势的地方买比较好。

TIPS

如果有需要购买，要事先清楚地知道买什么、具体型号和参考价格，否则很容易在信息不对称和店员的引导下，做出错误的购买选择。

竹脚巴刹
Tekka Market

665 Serangoon Road 地铁小印度站（Little India） 10:00-21:00

竹脚巴刹建于 1915 年，但不是现在这个位置上的巴刹，而是对面的 The Verge，现在那里有块牌匾，记载着竹脚巴刹的历史。在英国殖民者实行种族隔离政策后，印度人开始大量搬到这里居住，慢慢这里充满了浓厚的印度生活气息。早先在马来语中，把这个巴刹叫作"Kandang Kerbau"，是水牛围栏的意思，所以也直接叫作 KK，而中文里竹脚中的"脚"是福建话"……底下"的意思。如今这里是印度人聚居区中重要的生活中心。

竹脚巴刹是小印度区域的传统市场。1 层是各种小吃美食和传统生活市场，不光有地道的印度食物，还有各种华人美食、马来美食，以及少量的韩国、日本料理摊位。2 层主要是服装店，出售各种美丽的印度服饰，有华丽的纱丽套装，也有改良的印度式日常服装，价格都不贵，从 10 新元到 100 新元不等，可选择的空间大，很多印度女性会来这里挑选纱丽。

TIPS

这里是品尝印度小吃的好地方，最有名的就是姜黄饭了，这是地道的印度料理，用咖喱和香料浸米，再加入肉一起焖蒸，咖喱味道香浓，肉也软嫩。

小印度拱廊
Little India Arcade

🏠 48 Serangoon Road 🚇 地铁小印度站（Little India） 🕐 10:00-21:00

位于实龙岗路上的小印度拱廊是一座古老建筑内的繁华商业中心，建筑古老，规模不大，但却是新加坡很多印度人跑来买印度商品的地方。一进入这里，人们就会沉浸在印度特有的香料和鲜花的混合芳香中。这里有印度香料、灯饰、布艺、服装、配饰，还有传统印度食物，是购买印度小商品的最佳地方。这里有很多传统的印度曼海蒂手绘摊位，还有布满店铺陈列柜的印度手环。

省钱小助手
因为是新加坡为数不多的可以讲价钱的购物地，所以可以充分发挥砍价能力，不过这里的价格并不离谱，能砍下来的范围也不大。

慕发达中心
Mustafa Centre

🏠 145 Syed Alwi Road 🚇 地铁花拉公园站（Farrer Park） 🌐 www.mustafa.com.sg

慕发达中心是小印度区域最主要的购物中心，主打印度风情商品，衣服、香水、珠宝首饰、纪念品、电子产品、化妆品、小食品、电器一应俱全。这里是很多人批发购物的地方，人潮涌动，十分热闹，尤其是许多欧美游客喜欢在这里扫货。

鲁玛比比精品屋
Rumah Bebe

🏠 113 East Coast Road 🚇 地铁巴耶利巴站（Paya Lebar） 🕐 周二至周日 9:30-18:30 🌐 www.rumahbebe.com

这家店同样是土生华人的重要精神家园，是土生华人于1928年创办的，专注保存发扬土生华人的艺术手工艺，比如珠宝饰物、串珠、瓷器、刺绣、蜡染、布织品、珠串鞋等。这里最大的特色是艺术家 Bebe Seet 的艺术作品，她制作的土生华人艺术品通常以花、鸟和蝴蝶为主题，美轮美奂。店里艺术气息浓厚，展现原汁原味的土生华人风格，在逐渐淡化的土生华人文化中发挥了重要的作用。这里的珠串鞋由于做工十分烦琐复杂，价格不菲，如果对珠串鞋感兴趣，可以在这里预订，量身定做。

董厦
Tang Plaza

🏠 310 Orchard Road 🚇 地铁乌节路站（Orchard） 🕐 周一至周四 10:00-21:30，周五、周六 10:30-23:00，周日 11:00-20:30 🌐 www.tangs.com

董厦是乌节路上第一栋购物商场，在乌节路上很别致。有别于其他商城现代前卫的建筑设计，董厦是红檐绿瓦式的中国风格建筑，是深受新加坡本地居民喜欢的购物中心。董厦的名字来源于诗家董集团老板董俊竞，他是当年南洋知名的布商，独具眼光，率先在乌节路上投资建设购物商城。

省钱小助手
这里不能杀价，明码标价，小东西买起来还是非常愉快的。物美价廉，很多东西是新加坡价格最低的。

威士马广场
Wisma Atria

🏠 435 Orchard Road 🚇 地铁乌节路站（Orchard）
🌐 www.wismaonline.com

威士马广场里面的服装以流行少女风格为主，其中有很多进口服装，很多配饰店里面的袜子、项链、手链、耳环都非常漂亮。

先得坊
The Centrepoint

🏠 176 Orchard Road 🚇 地铁乌节路站（Orchard）
🕙 10:00-22:00 🌐 www.fraserscentrepointmalls.com

先得坊是一家平价百货商场，以家居用品、流行服饰为主，是当地人经常光顾的贴近生活的购物商场。

文化购物廊
Mandarin Gallery

🏠 333 Orchard Road 🚇 地铁乌节路站（Orchard）
🕙 11:00-21:30 🌐 www.mandaringallery.com.sg

文化购物廊是2009年新加坡政府耗资2亿新元改建成的。商场一共5层，1—3层是购物区，4、5层是餐厅和美容SPA馆。流动的波浪外观设计富有朝气，2层的露天平台还可以观赏乌节路的夜景。

Orchard Central

🏠 181 Orchard Road 🚇 地铁乌节路站（Orchard）
🕙 11:00-23:00 🌐 www.orchardcentral.com.sg

这座建筑是新加坡最高的购物中心，一共12层，在乌节路上高高耸立。商场内部有52部电扶梯，可以快速地带领顾客到达要去的区域，每个楼层有一个鲜明的购物主题，比如指尖上的美丽、站在流行最前线等。地下2层还有一个地中海风格的市场The Med，让这个购物中心显得很别致。

ION Orchard

🏠 2 Orchard Tum 🚇 地铁乌节路站（Orchard） 🕙 10:00-22:00 🌐 www.ionorchard.com

这座商城紧邻董厦和邵氏大楼，建筑外形新颖，内部空间有特色，地下有通道连接董厦和邵氏大楼，吸引了330多家国际知名品牌店入驻。除此之外，4楼的Art Gallery定期举办以时尚美学为主题的艺术展，更让这座购物商场与周围环境产生冲击碰撞。

ION Orchard购物中心汇集了全世界最受欢迎的品牌的大型旗舰店、概念店和时尚店，包括6家复式旗舰店——Cartier、Louis Vuitton、Prada、Dior、Giorgio Armani和Dolce&Gabbana。除了荟萃众多品牌之外，丰富多样的美食广场为游客提供各种美味佳肴，从大受喜爱的本地美食到久负盛名的国际菜肴，应有尽有。在8层的购物空间中，可以尽情地徜徉在各种餐饮店和时尚店，大厦55层和56层有一个观景台ION Sky，高218米，可以在乌节路上的最高处欣赏城市风景。

省钱小助手

在ION Orchard 1层的新加坡游客中心出示护照，可以兑换超值特惠的游客礼包。单笔消费满5 000新元，可享受专属机场的豪华轿车接送。

The Fall

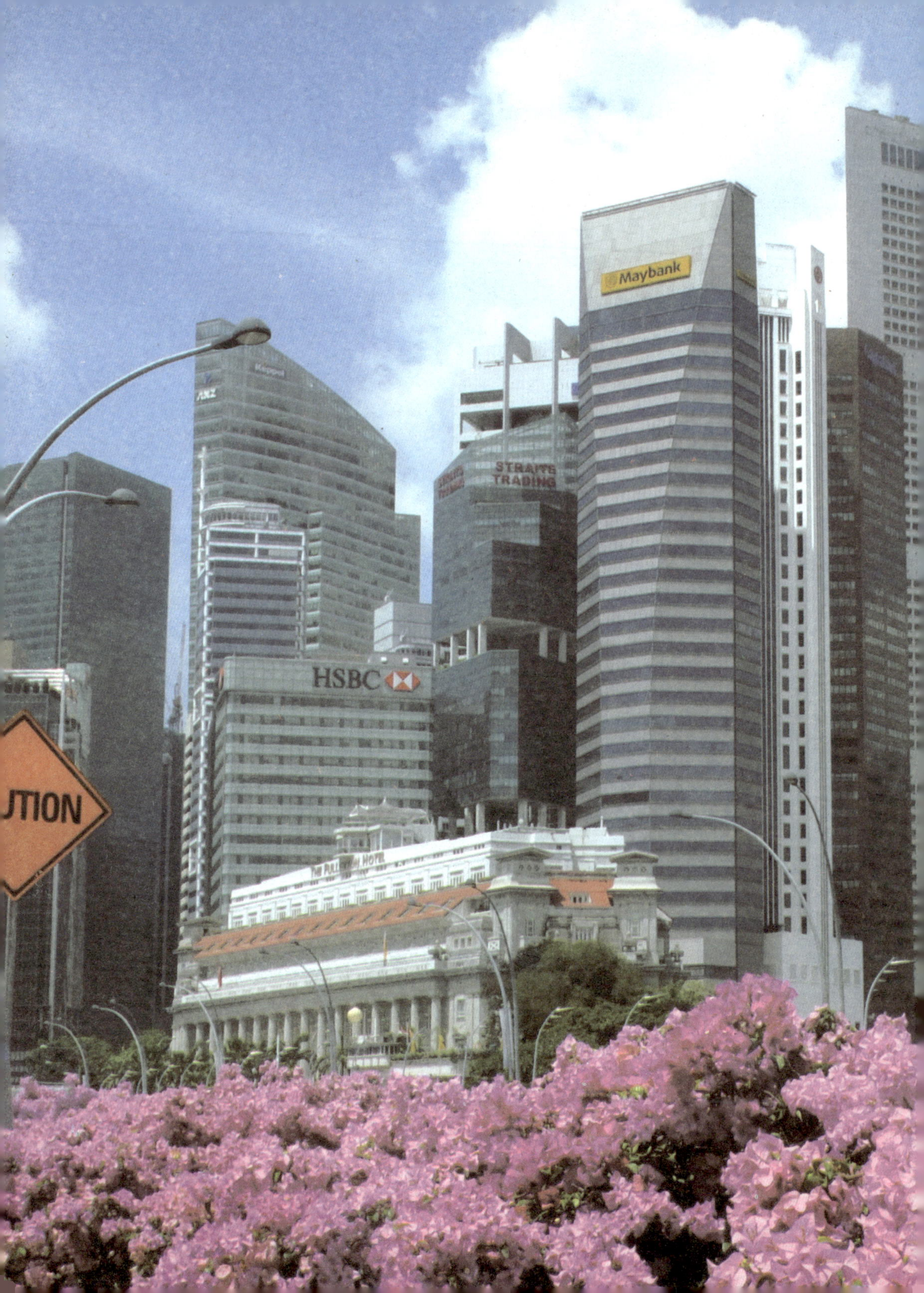
Maybank
STRAITS
TRADING
HSBC
UTION

你应该知道的新加坡

新加坡基本信息全知道！

你应该知道的新加坡

基本信息

国家名称： 新加坡共和国（The Republic of Singapore）
国土面积： 714.3平方千米
首都： 新加坡（Singapore）
政体： 议会制共和制
货币： 新加坡元（SGD）

语言

新加坡是一个多语言的国家，拥有四种官方语言，即马来语、华语、英语和泰米尔语。马来语为国语，英语为行政用语。

地理

新加坡共和国是位于东南亚的一个岛国，北纬1°18′，东经103°51′。新加坡地处马来半岛南端，毗邻马六甲海峡南口，南隔新加坡海峡与印度尼西亚相望，北隔柔佛海峡与马来西亚相邻。由新加坡岛、德光岛、乌敏岛和圣淘沙岛等60多个岛屿组成。因为土地资源有限，新加坡在过去40年中一直在填海，至2013年3月填海土地面积达到近130平方千米，约占新加坡原有土地面积的1/4。填海工程在2030年之际预期将再增添50平方千米的土地。

新加坡约有23%的国土属于森林或自然保护区。森林主要分布于新加坡的中部、西部地段以及乌敏岛、德光岛。新加坡地势起伏和缓，其西部和中部地区是丘陵地带，东部以及沿海地带都是平原，地理最高点为武吉知马，海拔163米。新加坡的河流由于地形所限，都颇为短小，全岛共有32条主要河流，有克兰芝河、实龙岗河、榜鹅河等，最长的河道是加冷河。这些河流现在都被改造成蓄水池，为居民提供饮用水源。

气候

新加坡靠近赤道，为热带雨林气候，常年气温变化不大，雨量充足，空气湿度高，气候温暖而潮湿，年平均温度在23～31℃之间，年降水量2 400mm左右，湿度介于65%～90%之间。

新加坡有两个不同的季候风季节，从11月月底至次年3月月初为雨季，吹东北季候风，相当潮湿，通常每天都会下点雨；6—9月则吹西南季候风，此时气候最为干燥。这两个季风期中间隔着季候风交替月，也就是4—5月以及10—11月。在季候风交替的时候，地面风力弱且多变，阳光酷热，午后最高温度可以达到35℃，而且全岛经常会有阵雨及雷雨。

历史

早期历史

有关新加坡早期历史的记载不多。新加坡曾经被叫作"Negeri Selat",在马来语中是"海峡之国"的意思。从3世纪开始,中国史籍中就已经有了一些关于新加坡的记载。《新唐书》中称新加坡为"萨庐都",《宋史》中称为"柴昔亭",后来又被华人称为"石叻",这些都是"Selat"的谐音。1320年,元朝曾派人到龙牙门寻找大象,龙牙门就是今天新加坡南岸的岌巴港。1330年,元代的航海家汪大渊首次登陆新加坡岛,在其所著的《岛夷志略》中称新加坡为"单马锡"。1365年的《爪哇史颂》里也称新加坡为"淡马锡",这个发音来自"Temasek",在梵文中是"黄金"的意思。一直到14世纪,才有了梵文"Singapura"的称呼,这也就是今天新加坡这一国名的来源。

根据《马来纪年》的记载,古暹罗和古爪哇的满者伯夷曾经争夺过新加坡,后来满者伯夷在战争中失败,暹罗得到了新加坡岛。三佛齐的一位王子为了躲避满者伯夷的攻击,从巨港(也就是今天的苏门答腊)逃至淡马锡,并杀了在淡马锡的暹罗摄政王,宣布自己成为新加坡的统治者。随后又因为受到暹罗威胁,王子又逃到了马六甲,紧接着建立了马六甲苏丹国,新加坡也就成为了苏丹国的一部分,并由此开始登上了历史舞台。

苏丹时期(1402—1528年)

马六甲苏丹王朝(Kesultanan Melayu Melaka)建立初期,需要每年向暹罗(现在的泰国)上交40万两的黄金,同时又屡屡遭到南面满者伯夷(现在印度尼西亚东爪哇)的威胁,明永乐元年(1403年),马六甲苏丹国的拜里米苏拉曾随京官拜见明成祖,正式向明朝进贡,也因此受到明朝的庇护。之后,马六甲开始显现出其地理位置上的优势,逐渐成为海上贸易的中心,也因此进入了全盛时期,马六甲苏丹王朝全盛时期的国土范围覆盖了今天的泰国南部到苏门答腊西南部,都城就是今天的马六甲市。但王朝的继承者并没有能力好好经营这里,政权内部很快出现很多问题,商人也纷纷撤离,盛极一时的王朝因此没落了。

1511年,葡萄牙殖民者因为海上贸易的原因,对苏丹王朝发起了侵略。1528年,葡萄牙人完全占领马六甲后,苏丹王朝灭亡。其后,皇族的继承人苏丹阿拉乌丁沙二世逃难到今天的柔佛地区,建立了柔佛苏丹王朝,领土包括柔佛地区以及廖内等岛屿。这一时期,新加坡岛一直是一个安静的小渔村。

18世纪后的新加坡(18世纪至今)

18—19世纪,新加坡是马来柔佛王国的一部分。1819年,英国人史丹福·莱佛士抵达新加坡,与柔佛苏丹订约,开始在新加坡设立贸易站。1824年,新加坡沦为英国殖民地,成为英国在远东的转口贸易商埠和在东南亚的主要军事基地。1942年被日本占领。1945年日本投降后,英国恢复殖民统治,次年划为直属殖民地。1959年实现自治,成为自治邦,英国保留国防、外交、修改宪法、宣布紧急状态等权力。1963年9月16日与马来亚、沙巴、沙捞越共同组成马来西亚联邦。1965年8月9日脱离马来西亚,成立新加坡共和国;同年9月成为联合国成员国,10月加入英联邦。

民族

新加坡有700多年的移民历史。从最早的海上贸易时期，就已经有许多国家的商人到这里从事商业活动，之后的殖民时期又涌入大量移民，因此新加坡这座小岛上一直会聚着多个种族的人群。现在的新加坡主要由华人、马来人、印度人及欧亚裔人组成，其中74.2%是华人，13.4%是马来人，9.2%是印度人，剩下的3.2%是欧亚裔人。

英语、华语、马来语和泰米尔语为新加坡的官方语言。马来人是新加坡土著人，所以马来语是新加坡的国语，英语为行政用语。但是大部分新加坡人都是双语使用者，他们懂英语以及华语、泰米尔语、马来语中的一种，通常两种语言会一起使用。

世界上很少有国家能像新加坡这样，实现多元种族的融合。这得益于新加坡政府的许多政策，比如，任人唯贤，推崇认可个人成就，而不考虑种族或者背景，并提倡不同种族间相互尊重理解。所以今天说着不同语言，有着不同肤色、不同风俗的人能够住在同一栋楼，在同一家餐厅吃饭，同在一家公司共事，同在一条街上过着自己各自的节日。这是在新加坡随处可以看到的景象。

移民是新加坡最热门也是历史最久的话题。因为直到今天，新加坡仍然有大量的移民。新加坡人的祖先，大多数都曾经是一个"外地人"。或许他们不曾希望属于这里，或者他们又希望属于这里。而新加坡的历史就是由这一个个从不属于到属于的过程组成的，这就是新加坡特有的移民文化。

宗教信仰

新加坡的移民带来了各自的宗教信仰。政府高度重视不同宗教的个人信仰。现在民间信仰主要有佛教、基督教、伊斯兰教

和印度教。

从新加坡总人口来看，目前大约有33%的人信仰佛教，大部分是新加坡的华人。这样的比例，让佛教成为新加坡第一大宗教。此外还有11%的人信仰道教，也是华人族群。

信仰基督教的人占总人口的18%，包括基督新教、天主教及其他教派。信徒不光是欧洲裔，还有许多华人和亚裔人，尤其是许多土生华人在后来都开始信仰基督教。基督教徒中10岁以上的信徒有36.4万人，占到了人口比例的14.6%。整个新加坡大大小小的教堂有266座之多，其中最早的教堂是禧街（Hill Street）的亚美尼亚教堂（Armenian Church）和圣安德烈路（St. Andrew's Road）的圣安德烈教堂（St. Andrew's Cathedral）。

新加坡有15%的人口信仰伊斯兰教，其中大部分是新加坡的马来人和巴基斯坦裔人。新加坡有清真寺80座左右，其中最著名的是苏丹清真寺（Masjid Sultan）。

此外，还有5%的人口信仰印度教，都是印度居民。新加坡的印度寺庙约有30座。不过印度人并不都是信仰印度教，也有少部分印度居民信仰伊斯兰教或者锡克教。锡克教是19世纪从印度传入的，在新加坡有7座锡克庙，教徒主要是锡克族警察的后裔。另外，新加坡还有17%的人口无宗教信仰。

2000—2010年间，信仰基督教、无宗教信仰及信仰道教的人口比例分别增长了3%，信仰佛教的人口比例略微下降，伊斯兰教和印度教信仰人数则保持稳定。在新加坡这样一个高度国际化的国家，不同种族的人群既认真地保持着自己的宗教信仰，同时又免不了受到其他文化的影响。

新加坡宗教对生活的影响

新加坡当地居民的构成极为复杂，各自的生活环境、文化背景以及宗教信仰大相径庭，但是这一点也不影响新加坡成为宗教多元化且能和谐互补的新式国家。

同样是南印度的兴都庙，在新加坡的不同区域，寺庙或多或少会有一些差别，这是一个非常有趣的现象。比如，位于牛车水的那间印度寺庙，会因为当地华人的习惯，设立善款箱，让人随意捐赠。而在武吉士附近的克里斯南兴都庙（Sri Krishnan Temple），受到紧邻的华人观音堂的影响，也在寺庙门口摆放了香炉，让人上香祭拜。印度教的仪式中原本是不上香的，但你会看到很多华人面孔的人路过时，都会点燃三炷香，用佛教的仪式，举过头顶祭拜后，再把香插在香炉中。其实这不难理解，观音堂的建筑宏伟，华人香客众多，人们又有遇佛必拜的习惯，自然也就按照自己的风俗祭拜旁边的这座印度寺庙里供奉的神像了。不过这个现象也就只有在新加坡才可以看得到。一条街上迥异的宗教建筑相邻，信徒互不干扰地进行着自己的祭拜仪式，实在是一大奇观。

文化与艺术

新加坡的移民历史，使新加坡的文化融合了中国、印度和马来文化，但与此同时又受到英国及欧洲文化的很大影响，形成了一种独具特色的融合文化。

早期新加坡的移民大多是按照种族聚居的，华人主要集中在牛车水，马来人主要集中在甘榜格南和芽笼士乃，印度人主要集中在小印度。当然，随着后来的变化，各个种族的人也都分散到不同地方居住安家。但是在这些地方形成的浓厚的民族生活气息，让这些地方至今仍然是不同种族的精神信仰中心和文化精髓的汇聚之地。

从旅行游览的角度来说，可以分别从各种族的宗教信仰、节日庆典、饮食和艺术上来探寻新加坡独有的融合文化魅力。

文化类型
华人文化

牛车水一带是华人的聚居区。新加坡的华人占新加坡总人口的74.2%，主要来自中国的南方，其中以福建省、广东省、海南省最多，这三地的华人移民占了整个新加坡华人人口的四分之三。

土生华人在新加坡华人人口中所占的比例不大，而且很多风俗习惯也都被本地华人所影响。不过新加坡土生华人的移民历史要比本地华人的移民历史早很多，其历史渊源可以追溯到15世纪。具体有文字可查的是中国历史上的明朝时期，因为海上贸易的开始，那时就已经有很多汉族移民来到了今天的马六甲、印度尼西亚、新加坡、马来西亚一带经商、生活了。这些移民主要来自福建和广东潮州地区，有很多人选择在当地定居。定居后，大部分中国男子都与当地的马来女子结婚生活，他们所生的后代被称为"峇峇娘惹"（Baba Nyonya），"峇峇"指的是男性，"娘惹"指的是女性。娘惹既继承了中国明朝时期福建地区的风俗、文化、习惯、语言，又融合了当地马来人的习俗，衍生出了娘惹自己的饮食、服饰、风俗，形成了东南亚地区独有的土生华人族群，并世代相传，也就是今天的土生华人文化。

而新加坡本地华人移民主要指的是在19世纪和20世纪前半叶的第一波和第二波移民浪潮中的移民，主要来自中国福建、广东、海南一带，其中福建人、潮州人、广府人占了新加坡华人人口的四分之三。20世纪后半叶还有第三次移民浪潮，这些移民被称作"新客"。

马来文化

新加坡的甘榜格南和芽笼士乃是马来人的聚居区。马来人是新加坡最早的居住者，占全国人口的13.4%。大多数马来人说的是马来语中的柔佛方言，少数人会讲爪哇语，信仰伊斯兰教的马来人还因为上伊斯兰宗教课的原因，会说、写一些阿拉伯语。

从15世纪马六甲黄金王朝开始，大量的马来人由古代印度教转信伊斯兰教，并一直延续到今天，现在大部分新加坡籍的马来人都属于伊斯兰教逊尼派。伊斯兰教的开斋节是马来人最大的节日。在伊斯兰教中，斋戒月是敬拜、行善的神圣之月，斋月期间，白天禁止进餐、喝水，以净化自己的身体和灵魂，直到黄昏日落后，人们才会在祈祷之后一同进餐。

马来传统饭菜的特点是以丰富的香料和香草配合大量椰汁烹制。东南亚特有的娘惹菜就是融合了马来和华人饮食演变而来的，与华人饮食一样，是新加坡饮食文化重要的组成部分。

在平时，马来人几乎全部穿着长袍、围着头巾，但是在节日里他们都会穿上传统的马来服饰：男士是无领上衣和长裤，腰围短纱笼，头戴无边帽；女士礼服是上衣搭配华丽的长裙。

印度文化

印度人占新加坡总人口的9.2%，大部分是1819年后移民过来的。新加坡的印度人中，58%来自泰米尔（Tamil Nadu），也有部分印度人是马拉亚利人（Malayalee）、旁遮普人（Punjabi）、信德人（Sindhis）、古吉拉特人（Gujaratis）等。

大多数印度人热衷于保留自己的宗教和风俗，以便与祖国血脉相通。他们也把新加坡的小印度当成了自己的第二故乡。在新加坡的文化中，印度的宗教、节日、艺术、食物都独树一帜，个性鲜明。

印度传统节日也与宗教有关，最隆重的是屠妖节（Deepavali）和大宝森节（Thaipusam）。屠妖节相当于印度人的新年，是印度人庆祝正义击败邪恶和黑暗、带来光明的日子。节日的庆典非常隆重，许多印度教徒穿上新衣到寺庙中参加仪式，分享糖果和点心。大宝森节纪念的是战胜邪恶并赋予印度人青春和力量的苏布拉马亚神（Lord Subrahmanya），教徒们会从清晨就开始庆祝、祈福、还愿的游行仪式。节日里，小印度的街道上也会张灯结彩，路边会支起各种摊位，摊位上汇聚了五花八门的印度式商品，多姿多彩。

欧洲文化

虽然欧裔人口在新加坡总人口中只占很小的比例，但是因为漫长的殖民历史，欧洲文化已经渗入了新加坡社会生活的各个方面，是新加坡融合文化的组成部分。

殖民者到这里的时候带来了基督教，并很早就开始了传教。基督教的传播在新加坡的华人世界中产生了不小的影响，教徒中华人和其他亚裔占了很大比例。因此基督教在生活文化中对新加坡移民原有的生活文化产生了很大影响，其中最明显的是土生华人的生活文化的演变。土生华人因为早期经商的原因，与殖民时期的西方官员有着密切的联系，是比较早融入西方文化的族群。早期土生华人的日常生活基本延续着中国的传统，但是从现在的土生华人文化演变中可以看到，当初的中国元素在后期已经融入了大量的西方元素，比如，娘惹姑娘传统的刺绣图案变为了西式的图案，大户家庭的摆设虽然仍依照中国习惯，但是供奉的已经是耶稣基督的画像。

殖民时期留下来的欧洲文化的另一个重要部分就是建筑。新加坡至今还保留着很多英国维多利亚时代新古典主义风格的建筑，现在这些建筑群是新加坡城市建筑风景中充满魅力的一部分。

不同种族文化融合的多元文化

原本历史并不悠久的新加坡，在保护不同种族文化的基础上，吸收各种先进的文化，形成了一种世界公认的多元文化，让今天的新加坡的文化生活丰富多彩。

新加坡的这种多元文化，能让人体会到很多有趣的现象，如饮食文化的融合。这里不仅能找到最地道的中国美食、印度美食、西餐料理等世界各地的食物，还能找到中餐与西餐结合创新的新式餐点，比如，印度咖喱混入华人饮食习惯而成的咖喱鱼头，马来人与华人饮食风格结合而成的娘惹菜系等，种类非常丰富，这让新加坡成了名副其实的美食天堂。

多元文化的融合也让新加坡的艺术表演丰富多彩。从欧洲的歌剧、中华的曲艺、印度的歌舞、东南亚的传统音乐，到流行音乐、现代艺术等，在这里竟然汇聚一堂。来自不同地方的游客都能在这里尽享欢乐，都能找到自己习惯的生活场景，也能看到风格迥异的异域风情。正是这样的多元文化环境，让新加坡被人们称作最适合移民生活的国家。

建筑

新加坡的移民历史让新加坡的建筑别具一格。比起一些千年古国，新加坡没有历史久远的古建筑，也没有气势磅礴的建筑群，但是特殊的历史使这里汇集了众多宗教建筑。这些宗教建筑派别繁多，各具风格特色。单从华人的信仰来讲，有佛教、道教和闽南人的佛道混合信仰，相应地兴建的庙宇有祭妈祖的、祭释迦牟尼的、祭观音菩萨的等。而且，由于早期华人移民的地域不同，修建的庙宇风格又有一些不

同特色。就连印度的兴都庙，在这里也可以找出印度不同地区的建筑风格差异。而这些亚洲特色建筑之中，又交融着各种欧式建筑。细心观察之后不难发现，虽然新加坡的历史很短，但这些最多只有百年历史的古建筑，因种类繁多、保存完好而变得魅力十足。

与众多宗教寺庙、教堂形成对比的，是前卫、时尚、现代化的建筑。这里给了许多建筑设计大师发挥天马行空般奇思妙想的空间，而回报来的，也是享誉世界的现代化城市景色。尤其是汇集了众多造型奇异、功能先进的建筑群的滨海中心，更是给世界的现代化城市设计树立了标杆。难能可贵的是，新加坡的现代建筑并不与古老的建筑产生矛盾，同时又能很好地结合自然和环保的概念。穿梭在新旧建筑群中，新加坡的移民历史也了然于目。

文学

新加坡的文学种类丰富多彩。最早新加坡境内的文学是以马来古典文学为主。随着殖民地的经济发展，华人移民增加，逐渐形成了华人生活体系，华文报刊增加，上面登载的华文文学作品也日益增多，甚至在20世纪20年代形成了一场反殖民地反封建的华文文学运动。这一时期的代表作品有1925年李西浪的长篇小说《蛮花惨果》，描写的是被叫作"猪仔"的华工在婆罗洲被奴役的非人生活。还有1927年张金燕在《荒岛》上发表的多篇描写妇女在殖民地的半封建社会里悲惨命运的短篇小说。

之后，随着中国抗日战争的爆发，新加坡的华人社会也掀起了抗日救亡运动。这一时期的文学创作也都以抗日救亡为主，像张一倩的《一个日本女间谍》、铁抗的《试炼时代》等。战后，民族解放运动发展，新加坡的文学也开始百花齐放。马来作家马苏里、玛斯等人在1950年8月创立了"50年代作家行列"，吸引了众多为社会而艺术的作家，创作出大量民族主义色彩浓厚的作品。直到新加坡独立后，马来作家迁回马来西亚，新加坡的马来文学中心也转移到了吉隆坡。

除了马来作家成立的"50年代作家行列"之外，还有泰米尔作家协会、新加坡英文作家协会和新加坡写作人协会等相继成立。经过这一时期，新加坡不同语种的文学作品也开始倾向现实主义，强调表达多种色彩和多样化的生活。这一时期影响深远的华文作品，有1976年苗秀的长篇小说《残叶行》，1979年石剑洪的中篇小

说《高楼内外》、于沫我的《于沫我短篇小说集》等。英文文学作品，有1972年吴宝星描写新加坡青年爱情故事的长篇小说《长梦悠悠》和陈国盛的三部曲《新加坡之子》《马来西亚的人》《放眼世界》等。此外还有大量马来爱情长篇小说，如玛斯的《马伊尔要结婚》，苏来第·西班的《大炮与爱情》等。

戏剧

在新加坡的戏剧剧坛上，华语作品占据着主导位置。早在1919年，就有《傻儿福》《灾民泪》等话剧作品。早期华人移民自然带去了中华传统戏曲艺术，华人也建造了很多大大小小的华语剧场，华语剧坛也红红火火。华语戏剧作品的发展与文学发展的脉络一样，也分为抗日战争前的移民生活作品、抗日战争时期的救亡运动作品、战后反映悲惨生活和争取权利的戏剧作品以及新加坡独立后反映社会生活的作品。

新加坡独立后，戏剧活动开始日趋活跃。从1978年起，新加坡文化部每年举办一次戏剧节，从中涌现出大量著名的戏剧作品。华语剧作中，出现了大量批判与讽刺的作品，像华文剧作家田流1972年的剧作集《三万元奖金》和1979年的《田流剧作集》，都用现实主义手法对社会的丑恶现象进行揭露和讽刺批判。而马来剧作则更具有浓厚的新加坡地方色彩，像诺尔的《农民的女儿》，讲述的是一位农村姑娘英勇保卫家乡的故事。此外，马来语戏剧作品中，还有被翻译成马来语的《雷雨》《哈姆雷特》等。

因为特殊的移民背景，英文戏剧作品似乎起到了跨越种族的调和作用。英文剧作很多以强调各民族和睦相处为主题，比如，昊宝星的《微笑之余》，就是描写异族青年男女的恋爱故事；杨罗柏的《新加坡，你在何方》，讲述不同种族的境遇。这些作品都强调了新加坡人的自我认同和幸福感。

舞蹈

新加坡不同的民族聚居区都保留着浓厚的民族文化传统，经典的民间舞蹈同样保留了不同种族、文化的舞蹈风格。作为多种族构成的移民国家，新加坡的民间舞蹈种类丰富，而不同种类的舞蹈之间又相互影响融合，独具特色。早期华人移民带去了种类繁多的舞蹈，在华人世界里代代相传。尤其是在华人的节日里，传统的舞狮、舞龙、割稻舞仍然保留着浓厚的中华文化色彩。而热衷于歌舞的印度人，将传统印度舞蹈融入了宫廷歌伎优雅动感的表演风格中，形成了另一种美。马来民间舞之一的 Zapin，本身就是起源于阿拉伯，而 Joget 又借鉴了葡萄牙舞蹈中的轻快舞步，交汇出新的马来舞蹈风格。

新加坡每年的妆艺大游行，就是各种族展现各民族舞蹈艺术风貌的大舞台。不同种族的人，把一代代传承下来的民族舞蹈文化，用肢体语言和色彩表现出来，场面迷人、壮观。这是新加坡最具风格的一道人文景观。

不仅民间舞蹈丰富多彩，新加坡的现代舞团也精彩纷呈，各种舞蹈表演非常多。如果想领略传统融合现代、民族融合异域的舞蹈艺术，不妨在新加坡欣赏一场心仪的舞蹈演出。

电影

新加坡第一部电影，是 1926 年刘贝锦制作的默片《新客》。之后陆续有十余部华语影片上映，包括《华侨血泪》《海外征魂》《南洋小姐》《新加坡之歌》《第二故乡》《度日如年》《幸福之门》《夜花园》等。但是这些早期影片如今早已经找不到拷贝。此后，新加坡的电影历史便开始了。

在 20 世纪五六十年代，新加坡曾经是亚洲重要的电影制作中心。新加坡本土电影工业十分繁荣，那时邵氏和国泰两大电影公司带动了整个新加坡电影业的发展。这一时期，华语、马来语影片有上百部，尤其是马来语影片，展现了浓厚的本土生活风貌，十分珍贵。到了 20 世纪 70 年代，新加坡的电影业陷入了衰落的境地，甚至一部本土影片都没有产出过。直到 1995 年，才迎来新加坡电影事业发展的新起点。几十部华语和英语的新题材影片摄制完成并成功上映，比较知名的有《面薄仔》《十二楼》《钱不够用》等。

现在新加坡的一些博物馆里还小心翼翼地保留着早期珍贵的电影资料，还会播放早期华文和马来文的默片，走访博物馆的游客不妨留心一下早期默片中新加坡居民的生活风貌。

重要节日

新加坡的法定假日正体现了多种族移民国家的特色，有元旦（New Tear's Day）、春节（Chinese New Year）、耶稣受难日（Good Friday）、劳动节（Labour Day）、卫塞节（Vesak Day）、伊斯兰教开斋节（Hari Raya Puasa）、新加坡国庆日（National Day）、哈芝节（Hari Raya Haji）、屠妖节（Deepavali）、圣诞节（Christmas Day）等。其中春节是华人节日，卫塞节是佛教教徒的节日，耶稣受难日和圣诞节是基督教教徒的节日，开斋节和哈芝节是穆斯林的节日，屠妖节是印度人的节日，而元旦、劳动节、国庆日则是三个种族共同的节日。

小印度的大宝森节

大宝森节是为了纪念印度教的姆鲁卡神（Lord Murugan）而设立的节日。在节日的庆典上，印度教教徒会将金属针刺入自己的身体，背着各种精美的卡瓦第（Kavadi），从斯里尼维沙伯鲁玛兴都庙走到丹达乌他帕尼兴都庙。

甘榜格南的开斋节

开斋节是穆斯林重要的节日，就像中国的新年。伊斯兰教历中，每年的9月是斋月，斋月过后的第一天即为开斋节。开斋节那天的甘榜格南非常热闹，是感受马来文化最好的时间。苏丹清真寺周围会聚起开斋市集，日落后可以去体验开斋市集的热闹，还可以观看马来传统表演。

马里安曼兴都庙蹈火节

马里安曼兴都庙最隆重的庆典是蹈火节（Theemithi），大约在每年的10—11月期间。这是新加坡印度教重要的节日，是为了对马里安曼女神表示崇敬。蹈火节的仪式会从凌晨两点开始，一直持续到第二天下午。教徒们在小印度的实里尼维沙伯鲁玛兴都庙祈福并做完吟诵的祝愿仪式之后，会步行到牛车水的马里安曼兴都庙，继续进行声势浩大的蹈火仪式，仪式上虔诚的教徒会赤脚踏过炙热的炭火堆。马里安曼兴都庙是最佳游览地点。

美食

海南鸡饭

海南鸡饭现在算是新加坡的国菜，是早期来自中国海南的移民带到东南亚的，之后在新加坡发扬光大。现在新加坡随处都可以找到海南鸡饭。

地道的海南鸡饭，是用滑嫩的白切鸡搭配鸡油米饭，铺上黄瓜片，撒些香菜，再配上黑酱油、辣椒酱、姜蓉酱等蘸料食用。

口感最嫩滑、味道最好的白切鸡肉，在鸡皮与鸡肉之间要有一层透明胶质，鸡肉和鸡骨之间要稍带血色才可以，所以蒸煮的工序和时间把握非常讲究。搭配的辣椒酱也要辣度适中，不辣提不出鸡肉的味道，过辣又会掩盖鸡肉的原味。好的辣椒酱有画龙点睛的作用，让鸡肉一入口就有回味无穷的效果。米饭香气四溢，搭配的黄瓜清香爽口，众多保留了原味的食材混搭在一起，成就了这道口味不受任何地域限制的美食。

肉骨茶

肉骨茶是中国广东和福建一带的移民带到新加坡的，是用猪肋骨和常用中药及香料一起熬炖而成的肉骨汤。这种肉骨汤对移民早期那些做苦力的劳工来说，是最好的进补饮食。广东人有着悠久的汤文化，喜欢在汤中添加药材进行食补，所以营养丰富的肉骨茶是新加坡最受青睐的美食之一。尤其现在肉骨茶的种类早已不局限在肋骨汤，还有龙骨汤、猪尾汤、猪手汤等，年轻人也都非常喜欢。老新加坡人通常会和咸菜、豆干、油条搭配着一起吃，汤喝完后，还会泡一杯浓茶解一下腻。

娘惹叻沙

叻沙是娘惹菜中最著名的一道佳肴，是将面条、鱼饼、虾肉、蛤蜊以及豆芽与奶香浓郁的辣椰汁汤一起煮制而成的。当地人吃的时候还会加上一勺叁巴辣椒酱，撒一些叻沙叶。

咖椰吐司早餐

咖椰吐司是新加坡人最喜爱的早餐美食。几片薄薄的用炭火烘烤的吐司，夹上咖椰酱和黄油，再配上两个半熟的鸡蛋和一杯浓咖啡，就是一份美味的新加坡早餐。

咖椰酱是用鸡蛋、糖、椰浆和香兰香料做成的，味道浓郁香甜，搭配黄油，一起夹在酥酥脆脆的吐司里，一口咬下去，浓郁的味道立刻在嘴里扩散开来。还可以把酱油和胡椒淋在半熟的蛋上，用汤匙打散后，用吐司蘸着吃，味道会更加香浓，又增加了温润顺滑的口感。最后再喝上一口浓咖啡，美好的一天就从咖椰吐司早餐开始了。

沙嗲

沙嗲就是烤炙的肉串，是源于马来西亚和印度尼西亚群岛的风味饮食。通常是将鸡肉、虾肉、羊肉等腌制好的肉串成串，在炭火上烤熟，再蘸上沙嗲酱，还会配上洋葱片、黄瓜片以及马来椰浆饭一起吃。这种沙嗲酱是用香料和磨碎的花生制成的，口味微辣偏甜。如果觉得过甜，也可以蘸马来的特制辣椒酱一起吃。

辣椒螃蟹

辣椒螃蟹算是起源于新加坡的特色美食。通常用鲜活的青蟹下锅，配合辣椒和番茄酱料调制的酱汁翻炒，最后用蛋花勾芡而成。蟹肉饱满鲜香，酱汁香辣微甜。吃完蟹肉，再用馒头蘸酱汁来吃，绝对会俘获各位食客的芳心。

咖喱鱼头

咖喱鱼头是将印度饮食和华人饮食结合的成功范例。最初做这道菜的是来自印度的厨师，他们将红鲷鱼的鱼头放在辣味咖喱中炖煮，再用罗望子调味，一推出就受到了华人、印度人、马来人的共同欢迎。华人会搭配米饭、蔬菜和肉一起吃，印度人会搭配米饭再加上印度泡菜一起吃。这道菜也是仅在新加坡才有的美食。

印度煎饼

印度煎饼是由巴基斯坦和印度传统煎饼改进而成的。面团经过煎饼师傅双手灵活的捏、打、翻、甩后，变得轻柔、黏稠。烤好的煎饼，有柔软的也有酥脆的。通常印度人是用煎饼搭配木豆，直接蘸咖喱酱或者直接蘸糖吃。如今在新加坡已经延伸出多种吃法，比如，可以搭配榴梿、冰淇淋、香蕉、奶酪、鸡蛋等。

马来菜饭

马来菜饭比较像自助餐，就是选择多种喜欢的菜肴，放到自己盛有米饭的盘子里。这种饭菜起源于印度尼西亚的 Nasi Padang，Nasi Padang 是苏门答腊西海岸的一座城市。马来菜饭里的菜种类丰富，均采用印度尼西亚的干热烹饪方法，用大量辣椒、香料、椰浆制作，虽然欠缺色泽，但是菜香四溢，吃起来也非常美味。最常见的菜有咖喱鸡、马铃薯饼、菠菜、蔬菜沙拉、辣焖牛肉、辣椒鱼等。

罗惹

在马来语中，罗惹的意思是"狂野的结合"，是一种用各种蔬菜水果做成的沙拉。新加坡的罗惹分为印度吃法和华人吃法。华人吃法是以新鲜的果蔬食材为主，将豆芽、新鲜绿叶蔬菜、油炸豆干、油条、菠萝、黄瓜等和花生酱混匀，再加入发酵的辣虾酱。印度吃法是炸制的果蔬食材为主，将烤土豆、蒸鱼饼、虾饼、章鱼、各种炸蔬菜等一起搭配花生酱食用。罗惹也是新加坡常见的小吃。

菜头粿

菜头粿又叫炒萝卜糕，是新加坡潮汕裔人传承已久的小吃。做法是将蒸米粉裹在白萝卜上，加上蛋液，一同煎至金黄，再撒上葱花即可。

乌打

乌打在马来语中的意思是"大脑"，是土生华人的一道特色小吃。做法是把鱼肉和椰浆、辣酱、香茅、大蒜混合后，裹在香蕉叶子里蒸熟，然后再放在炭火上烘烤。现在除了鱼肉乌打，还有虾肉、墨鱼等多种口味。

炒条

炒条是将米粉作为主要原料，加入酱油、虾酱、罗望子汁、豆芽、韭黄、腊肠及蛤肉翻炒而成的，味道黏甜微辣，是新加坡人非常喜欢的一道小吃。早期从事捕鱼的华人移民将上一顿吃剩下的面条或者米粉用这种方法翻炒后再吃掉，结果慢慢演化成了一道受欢迎的美食。

黑果鸡

黑果鸡也是娘惹菜系中的一道美味，是用鸡肉和黑果（Keluak）炖制成的。黑果是一种外壳坚硬、内瓤辛辣的植物果实。黑果鸡的做法非常复杂，要先将处理过的黑果果肉挖出来，混合其他七种香料之后，再重新灌进黑果硬壳里，然后同鸡肉一起炖制。整个制作过程要经过两天。娘惹餐厅会推荐虾酱炒蛋、奎巴空心菜一起搭配黑果鸡来吃。

珍多冰

珍多冰是新加坡有着古早味的冰品甜点，是用椰浆、绿色浆面条和香兰料、糖制作的，还可以随意加上冰沙、红豆、糯米等配料一起吃。早在20世纪60年代，小贩们就会推着推车沿街叫卖这种甜点，是那时炎热天气中最好的降暑小食。

新加坡司令

起源于20世纪初莱佛士酒店长廊酒吧的这款鸡尾酒，已经被视为新加坡的国酒，最初叫作"海峡司令"，如今已经在世界上小有名气。最标准的配方是使用杜松子酒、樱桃酒、本笃甜酒、石榴汁和沙捞越的菠萝汁调和，然后在上层精心制作出一层细腻的泡沫。现在新加坡各大餐厅都有新加坡司令或者新加坡司令的改良款，比如，浮尔顿一号的 Over Easy，是在新加坡司令中加入安古斯图拉树皮。只有莱佛士酒店至今还遵循传统的配方调制这款鸡尾酒。

相关网站

新加坡旅游局中文官方网站
www.yoursingapore.com
新加坡旅游局官方新浪微博
http://weibo.com/xinjiapo

紧急电话

新加坡报警求助电话：999
火警和救护车电话：995
中国驻新加坡大使馆—领事部办证人工咨询电话：0065-64712117
新加坡中央医院电话：0065-62223322
当地银联紧急援助热线：0065-62720112
樟宜机场航班咨询电话：0065-65424422（自动）0065-65412302（人工）
新加坡旅游局实用信息：0065-67366622
旅游咨询热线：1800-736-2000（新加坡境内免费拨打）或 0065-67362000（新加坡境外请拨打此号码），周一至周五（公共假期除外）9:00-18:00

本图书是由北京出版集团有限责任公司依据与京版梅尔杜蒙（北京）文化传媒有限公司协议授权出版。

This book is published by Beijing Publishing Group Co. Ltd. (BPG) under the arrangement with BPG MAIRDUMONT Media Ltd. (BPG MD).

京版梅尔杜蒙（北京）文化传媒有限公司是由中方出版单位北京出版集团有限责任公司与德方出版单位梅尔杜蒙国际控股有限公司共同设立的中外合资公司。公司致力于成为最好的旅游内容提供者，在中国市场开展了图书出版、数字信息服务和线下服务三大业务。

BPG MD is a joint venture established by Chinese publisher BPG and German publisher MAIRDUMONT GmbH & Co. KG. The company aims to be the best travel content provider in China and creates book publications, digital information and offline services for the Chinese market.

北京出版集团有限责任公司是北京市属最大的综合性出版机构，前身为1948年成立的北平大众书店。经过数十年的发展，北京出版集团现已发展成为拥有多家专业出版社、杂志社和十余家子公司的大型国有文化企业。

Beijing Publishing Group Co. Ltd. is the largest municipal publishing house in Beijing, established in 1948, formerly known as Beijing Public Bookstore. After decades of development, BPG has now developed a number of book and magazine publishing houses and holds more than 10 subsidiaries of state-owned cultural enterprises.

德国梅尔杜蒙国际控股有限公司成立于1948年，致力于旅游信息服务业。这一家族式出版企业始终坚持关注新世界及文化的发现和探索。作为欧洲旅游信息服务的市场领导者，梅尔杜蒙公司提供丰富的旅游指南、地图、旅游门户网站、APP应用程序以及其他相关旅游服务；拥有Marco Polo、DUMONT、Baedeker等诸多市场领先的旅游信息品牌。

MAIRDUMONT GmbH & Co. KG was founded in 1948 in Germany with the passion for travelling. Discovering the world and exploring new countries and cultures has since been the focus of the still family owned publishing group. As the market leader in Europe for travel information it offers a large portfolio of travel guides, maps, travel and mobility portals, apps as well as other touristic services. It's market leading travel information brands include Marco Polo, DUMONT, and Baedeker.

DUMONT 是德国科隆梅尔杜蒙国际控股有限公司所有的注册商标。
DUMONT is the registered trademark of Mediengruppe DuMont Schauberg, Cologne, Germany.

杜蒙·阅途 是京版梅尔杜蒙（北京）文化传媒有限公司所有的注册商标。
杜蒙·阅途 is the registered trademarks of BPG MAIRDUMONT Media Ltd. (Beijing).

SINGAPORE NOTES

写下你的新加坡感受